考拉旅行　乐游全球

重磅旅游图书
《西班牙攻略》新装升级
一如既往带您畅游西班牙

西班牙攻略

旅游行家亲历亲拍！
超美西班牙热地大赏！

GUIDE

2018-2019
全彩升级版

《西班牙攻略》编辑部 编著

华夏出版社
HUAXIA PUBLISHING HOUSE

目录 CONTENTS

西班牙攻略

A 速度看西班牙！	…009
B 速度去西班牙！	…010
C 速度行西班牙！	…023
D 速度玩西班牙！	…029
E 速度玩西班牙！	…032
F 速度买西班牙！	…034
G 速度买西班牙！	…036
H 速度吃西班牙！	…039
I 速度游西班牙！	…041
阿托查火车站	…058
索菲亚王妃艺术中心	…058
提森·波内米萨美术馆	…059
丽池公园	…059
皇家植物园	…060
军事博物馆	…060
皇家圣杰若尼姆教堂	…060
国立装饰艺术博物馆	…061
丰收女神广场	…062
独立广场	…063

Part.1 马德里·太阳门广场 …045

太阳门广场	…046
西班牙剧院	…048
格兰维亚大道	…048
La Violeta	…049
卡耀广场	…050
王室赤足女子修道院	…050
跳蚤市场	…051
圣费尔南多皇家美术学院	…051
火腿博物馆	…052
马德里主广场	…052
圣伊西德罗大教堂	…053

Part.3 马德里·王宫 …065

王宫	…066
摩尔人广场花园	…067
东方广场	…067
阿穆德纳圣母大教堂	…069
圣尼古拉斯教堂	…069
市政厅广场	…069
塞拉尔伯美术馆	…070
王室化身女子修道院	…070
萨巴蒂尼花园	…070
德波神庙	…071
西班牙广场	…071

Part.2 马德里·普拉多美术馆 …055

普拉多美术馆	…056
普拉多大道	…057

Part.4 马德里其他 …073

圣安东尼奥-德佛罗里达礼拜堂	…074

塞拉诺街	⋯075
圣地亚哥·贝尔纳乌体育场	⋯076
卡斯蒂利亚大街	⋯076
哥伦布广场	⋯077
凡达斯纪念斗牛场	⋯077
美洲博物馆	⋯078
马德里国家考古博物馆	⋯078
索洛亚美术馆	⋯079
圣十字架烈士谷	⋯079
埃斯科里亚宫	⋯080
华纳兄弟游乐场	⋯081

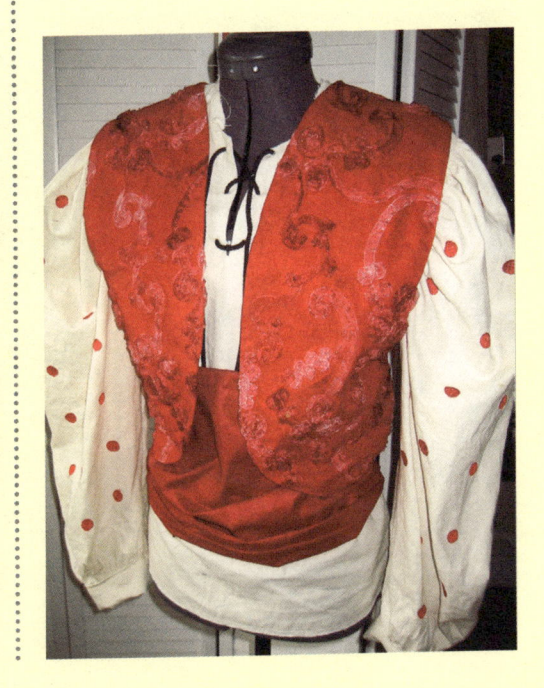

Part.5 托莱多　⋯083

托莱多大教堂	⋯084
圣十字美术馆	⋯085
阿尔卡萨堡	⋯086
圣多美教堂	⋯087
索科多韦尔广场	⋯088
圣胡安皇家修道院	⋯088

埃尔·格雷科故居	…089	特鲁埃尔大教堂	…100
圣母升天教堂	…089	特鲁埃尔水道桥	…100
		萨尔瓦多塔	…101
		圣佩德罗教堂	…101

Part.6 阿维拉　…091

阿维拉古城墙	…092
阿维拉大教堂	…093
大德兰女修院	…093
维多利亚广场	…094
圣维森特大教堂	…095
圣荷西修道院	…095

Part.8 巴塞罗那·新广场　…103

巴塞罗那新广场	…104
巴塞罗那大教堂	…105
奥古斯都神庙	…105
国王广场	…106
巴塞罗那城市历史博物馆	…106
副主教府邸	…107
巴塞罗那市政厅	…107
加泰罗尼亚自治区政府大楼	…108
弗雷德里克·马雷美术馆	…109
加泰罗尼亚音乐厅	…110
卡尔贝之家	…110
巴塞罗那现代美术馆	…111
4只猫餐厅	…111

Part.7 特鲁埃尔　…097

公牛广场	…098
省立博物馆	…099
特鲁埃尔宗教艺术博物馆	…099

Part.9
巴塞罗那·兰布拉斯大街 …113

兰布拉斯大街	…114
加泰罗尼亚广场	…115
圣约瑟市场	…115
河渠口广场	…116
利塞奥大剧院	…116
圣莫妮卡美术馆	…117
贝特雷姆教堂	…117
皇家广场	…118
古埃尔宫	…119
哥伦布纪念柱	…120
海事博物馆	…120
贝尔港	…121

Part.10
巴塞罗那·不和谐建筑群 …123

不和谐建筑群	…124
圣家族大教堂	…126

米拉之家	…128
格拉西亚大道	…129
安东尼·达比埃斯美术馆	…129

Part.11
巴塞罗那·蒙特惠奇 …131

加泰罗尼亚美术馆	…132
奥林匹克运动场	…133
蒙特惠奇公园	…134
米罗美术馆	…135
米罗公园	…135
西班牙村	…136
西班牙广场	…137

Part.12
巴塞罗那其他 …139

蒙特卡达街	…140
海上圣母堂	…141
三龙城堡	…141

毕加索美术馆	…142
米拉勒之门	…142
圣特蕾莎学院	…143
戈埃尔公园	…143
贝利斯夸尔德	…144
高迪故居博物馆	…144
圣十字和圣保罗医院	…145
维森斯之家	…145
诺坎普球场	…146
提维达波山	…146
圣母玛利亚·贝德拉贝斯修道院	…147
戈埃尔别墅	…147
戈埃尔纺织村	…148
达利美术馆	…148
蒙瑟瑞特山	…149
波布雷特修道院	…149

Part.13 瓦伦西亚 …151

瓦伦西亚大教堂	…152
孤苦圣母教堂	…153
瓦伦西亚中央市场	…154
现代美术馆	…154
瓦伦西亚丝绸交易中心	…155
塞拉诺城楼	…155
国家陶艺博物馆	…156
瓦伦西亚艺术科学城	…156
火祭博物馆	…157
拉阿尔武费拉湖	…157

Part.14 马略卡 …159

帕尔马大教堂	…160
帕尔马旧城区	…161
贝尔维古堡	…161
米罗基金会	…162
瓦德摩沙	…162
索列尔	…163
波连萨	…164
梅诺卡岛	…165
伊维萨岛	…166
福门特拉岛	…167

Part.15 安达卢西亚·塞维利亚 …169

塞维利亚大教堂	…170
塞维利亚王宫	…172
慈善医院	…172
塞维利亚大学	…173
皇家骑士斗牛场	…173
玛利亚·路易莎公园	…174
塞维利亚圣十字区	…175
塞维利亚美术馆	…176
彼拉多之家	…176
西尔皮斯街	…177
西印度群岛档案馆	…177

Part.16 安达卢西亚·科尔多瓦 ···179

科尔多瓦大清真寺	···180
安达卢西亚之家	···182
小马广场	···182
罗马桥	···183
犹太街区	···183
考古学博物馆	···184
皮亚纳宫	···184
科尔多瓦天主教国王城堡	···185

Part.17 安达卢西亚·格拉纳达 ···187

阿兰布拉宫	···188
格拉纳达大教堂	···191
王室陵墓	···192
内华达山国家公园	···192
阿尔拜辛区	···193
圣山	···193

Part.18 安达卢西亚其他 ···195

赫雷斯	···196
卡莫纳圣母升天教堂	···198
贝赫尔-德拉弗龙特拉	···198
西美纳	···199
奥尔韦拉	···199
塞特尼尔主教堂	···200
米哈斯	···200
龙达	···201
瓜迪克斯	···202
马拉加	···202
安特克拉	···203

Part.19 萨拉曼卡 ···205

萨拉曼卡主广场	···206
贝壳之家	···207
萨拉曼卡旧城	···207
萨拉曼卡新大教堂	···208
爱尔兰学院	···208
杜耶纳斯修道院	···209
圣艾斯特班修道院	···209

Part.20 西班牙其他 ···211

塞哥维亚	···212
昆卡	···215
塔拉戈纳	···216
卡塞雷斯	···218
瓜达卢佩圣母修道院	···219
楚西尤	···219
梅里达	···220
圣地亚哥大教堂	···221
潘普洛纳	···221
莱昂	···222
布尔戈斯	···223
毕尔巴鄂古根海姆美术馆	···224
沃兰汀步行桥	···224
毕尔巴鄂旧城区	···225
圣塞瓦斯蒂安库尔萨尔文化中心	···226
奥维耶多	···226
萨拉戈萨拉圣母教堂	···227
贝壳湾	···228
加那利群岛	···229

Part.21 索引 ···230

西班牙
攻略GUIDE

好玩

好买

好吃

A 速度看西班牙！

SPAIN HOW

西班牙推荐

① 概况

地处伊比利亚半岛上的西班牙是一个充满阳光与热情的国度，一片绿色的西北地区和阳光炽热的安达卢西亚地区形成鲜明的对比，地中海上的马略卡岛更是欧洲知名的度假胜地。西班牙这个被比利牛斯山脉同欧洲分割开的国家带给了世人热情激昂的弗拉门戈舞曲、狂热的斗牛表演和场面刺激的奔牛节，在现代人痴迷的各项体育运动中也永远不会缺少西班牙运动员的身影。在激情与运动之余，西班牙的艺术也是缤纷多彩，毕加索、达利、高迪、米罗……一连串艺术大师的名字将这个阳光国度点缀得美轮美奂。

② 地理

地处伊比利亚半岛的西班牙被比利牛斯山脉与欧洲大陆分割，境内多山，是欧洲山地面积最多的国家之一，总面积505925平方公里。

③ 气候

西班牙气候多样，其中中部梅塞塔高原属大陆性气候，北部和西北部沿海属海洋性温带气候，南部和东南部属地中海型亚热带气候，一年四季阳光充足。

④ 区划

西班牙全国共划分为安达卢西亚、阿拉贡、阿斯图利亚斯、巴利阿里群岛、巴斯克、加那利群岛、坎塔布利亚、卡斯蒂利亚－莱昂、卡斯蒂利亚－拉曼恰、加泰罗尼亚、埃斯特雷马杜拉、加利西亚、马德里、穆尔西亚、纳瓦拉、拉里奥哈和瓦伦西亚等17个省级行政大区。

⑤ 人口及国花

西班牙人口约有4640万人，国花是石榴花和康乃馨。

009

B 速度去西班牙！
SPAIN HOW

❶ 办理签证申请

西班牙已开放中国公民个人旅游申请，中国公民前往西班牙旅游可在西班牙驻华的使馆申请签证，如果要前往多个欧洲国家，根据在卢森堡签署的《申根协议》，可以在任何一个申根成员国申请签证；想要在多个申根国家逗留，原则上必须根据提交的行程去停留时间最久的国家（主要停留国家）的驻华使领馆申请签证；在无法确定主要停留国家的情况下，可以申请首先入境国家的签证。另外，安道尔、梵蒂冈、圣马力诺和摩纳哥公国与申根邻国没有实际上的边境检查，也可以凭申根签证任意进入。

赴西班牙旅游

申请资格	目前全国所有地区的公民都可以申请赴西班牙旅游。
所需材料	1.有效护照：必须是有效期半年以上因私护照，如果是换发的护照，要同时提供旧护照，如果旧护照丢失必须让当地派出所开遗失证明； 2.个人资料表：如果有拒签，请写明拒签的时间和国家，特别是曾经被申根国拒签过一定要注明； 3.签证申请表； 4.照片：免冠正身彩照4张，背景为浅色； 5.户口本：全家户口本复印件（户口本上服务处所及职业栏目中的工作单位必须和在职证明中的单位一致，婚姻状况必须和实际一致）； 6.身份证及身份证复印件（退休人员需提供退休证复印件，在职证明、单位空白盖章抬头纸和营业执照复印件可以省略；学生则需要提供由学校出具的有学校函头并盖章的学生假期证明及学生证）； 7.资产证明：金额在3万元人民币以上或等值外币的个人银行存款证明及房产证复印件证明、汽车行驶证等，如夫妻一同申请，则存款证明需要在6万元以上，如财产证明为配偶名字，则需提供结婚证明； 8.在职证明：由所在单位信笺纸打印并加盖公章； 9.单位空白盖章抬头纸：4张，要求抬头纸上必须盖有公司的红章，印有抬头（公司名称），公司地址、电话及传真号码，并且有领导人签名及领导人的职务（领导人不能是申请人）； 10.单位营业执照复印件（带最近一年年检章）； 11.若申请的是申根国家签证，还须准备申根签证保险，保险金额为3万欧元以上或等值人民币，须对整个申根区和旅游逗留期有效。

停留时间	根据申请时的日程安排而定,最长不超过90天。
所需费用	60欧元
注意事项	1.申请签证时一定要与真实情况相符,否则若是在申请过程中被发现作假,可能会被永久拒签; 2.申请签证准备材料时,要认真、严格、细致地准备,这样通过的成功率更高; 3.申根签证有几次进出申根国家的限制,请事先了解清楚,以免签时无法入境; 4.有的大使馆会通知面签,面签的时候可以使用西班牙语,如果西班牙语不好的话可以用汉语回答,不会因此影响签证的成功率; 5.在办理签证之前,最好先向西班牙驻华使领馆以电话或通过其网页查询相关要求,以免准备不全。

*上述介绍仅供参考,具体申请手续以当地有关部门公布的规定为准。

❷ 关于签证

申根签证对以下国家有效:奥地利,比利时,捷克共和国,丹麦,爱沙尼亚,芬兰,法国,德国,希腊,匈牙利,冰岛,意大利,拉脱维亚,立陶宛,卢森堡,列支敦士登,马耳他,荷兰,挪威,波兰,葡萄牙,斯洛文尼亚,斯洛伐克,西班牙,瑞典,瑞士。

北京和上海领区的所有签证申请需由本人来该地签证申请中心递交。广州领区的签证申请,申请人可亲自或委托第三人前往签证申请中心提交申请资料(此被委托人必须为一同前往西班牙的申请人)。请正确打印、填写授权书并将其和被授权人的身份证复印件递交签证中心申请窗口。递交完毕,申请人可以委托他人代办剩余的手续。

签证申请人须按照户口所在地的签证申请中心要求提交签证申请。

北京管辖区包括:除了属于上海和广州管辖区的省份外,中国其他所有的省和自治区。上海管辖区包括:江苏、上海、浙江、安徽、江西。广州管辖区包括:广东、福建、贵州、海南、湖南、云南、广西。

可在预定出行日期前不超过90天递交申请。建议在预定出行日期前不少于15个工作日递交申请。

领事馆保留随后要求申请人进行个人面谈的权利。同样地,如有需要,领事馆有权要求递交不包括在材料审核清单中的额外资料。

递交了全部的所需申请资料并不确保签证的自动签发。签证被拒将以书面通知。申请人可对拒签提出上诉。

申请人领回护照时,应该检查签证,特别是个人信息和相关日期。护照一经签收,签证内容就被认定是正确的。

③ 适合各签证类别的所需材料：

有效护照：须在预计离开申根国日期后至少有3个月的有效期。护照内须有至少两页空白页，且须提供所有页的复印件（其中广州管辖区的申请人只需提供含有申请人信息和签名的页面，以及包括申根国家、美国、英国和加拿大的签证页面的复印件）。如空白页不足两页，须在递交申请前更换一本新护照。

广州管辖区的申请人所提交的所有申请资料，均须附上相应的英语翻译或西班牙语翻译。

须以大写字母正确填写签证申请表。

一张近期彩色照片，宽为26~35毫米，长为32~45毫米，白色背景。

旅游医疗保险，有关资金证明，出行目的，机票预订和住宿细节的文件资料。

费用必须以人民币支付（细节请查阅签证费一栏）。

④ 所需旅游医疗保险

到西班牙或其他申根国的访问者必须办理旅游医疗保险。您可提供在欧洲或中国的保险公司办理的保险单。保单保险额为至少3万欧元或同等价值人民币，且须包括医疗护理、住院治疗和因伤或医疗缘故而遣送回国等费用。此医疗保险须对所有申根国有效及覆盖整个访问时期。

签证申请流程	
步骤1：	签证申请中心受理西班牙短期签证申请。
步骤2：	递交申请前，请确认您的出行目的是否明确——签证申请中心仅对您的签证申请流程提供协助，而并不允许建议或指引您去选择签证类别，由于签证申请中心的工作主要为行政性质，这里无权决定您会否获得签证，也无法预估审核时间的长短，最终结果完全取决于西班牙驻华使领馆的决定。
步骤3：	请翻阅第11页"关于签证"了解不同签证类别的详情及所需材料。所有申请人除了递交审核清单表中所列的文件之外，同时还需要额外准备一份护照首尾页的复印件。
步骤4：	请确保您到签证申请中心前已阅读有关安全条例的公告。
步骤5：	在签证申请中心成功递交签证申请后，您可通过网站或致电签证中心，或通过邮件查询您的申请进度。

⑤ 所需资料

在某些特定情况下，西班牙领事馆可以向申请人要求其他材料或进行面试。

递交了上述所有材料并不保证申请人的签证一定能签出，但这些材料皆为西班牙移民法规要求的所需文件。最后签证核发与否仍取决于西班牙领事馆。

签证审查天数需15个工作日（在特殊情况下可能会更长）。

Checklist for Tourism Application
旅游签证申请审核表
Turismo

Name:姓 名/Nombre(s)&Apellido(s)_____

Passport Number:护照号/Número de pasaporte _____

E-mail Address 邮件地址/Dirección de correo electrónico:_____

Contact No.：联系电话/Números de teléfono
_____

	Required Documents/主要材料/Requisitos Principales	Yes/有/ Si	No/没有/ No	Remarks/备注/Comentario
1.	**Application duly filled in with capital letters or typewritten in English or Spanish and signed by the applicant.** (Applications of minors have to be signed by their legal guardian). 一张使用英文或西班牙文大写印刷体手工填写或者打印机填写的申请表，须申请者本人签名。（未成年人则必须加上法定监护人的签字） Formulario de solicitude debidamente cumplimentado en mayúsculas de imprenta o a máquina en inglés o español y firmado por los solicitantes en persona(para los menores, firma de la persona que ejerce la patria potestad o del tutor legal)			
2.	A recent colour photograph, white background, between 26-35mm wide and 32-45mm long. 一张近照，彩照，白色背景，约 26-35 毫米宽，32-45 毫米长。 Una foto en color reciente, con fondo blanco, entre 26-35mm de ancho y 32-45mm de alto.			
3.	Signed passport valid for at least three months counting after the intended exit of the Schengen area and with at least two blank pages and a photocopy of all the pages. 护照有效期为预计离开申根国的时间后至少 3 个月有效，有 2 张以上的空白可用页，以及所有页的复印。 Pasaporte con un mínimo de 3 meses de validez después de la fecha prevista de salida del espacio Schengen y al menos 2 páginas libres, y fotocopias de todas sus páginas.			
4.	**Individual travel medical insurance** covering, during your stay on the Schengen territory, any expenses which might arise in connection with urgent medical attention and/or emergency hospital treatment, and repatriation for medical reasons or death. The minimum coverage should be of 30.000 euros or the equivalent in RMB. **个人旅行医疗保险**：此份保险必须承付申请人在申根国境内停留时所能发生的意外情况所需的医疗救助和返回本国的所有费用。投保金额至少为 30000 欧元或等值的人民币。 **Seguro médico de viaje individual** que cubra, durante toda su estancia en el territorio Schengen, los gastos que pudiera ocasionar su asistencia médica y hospitalaria de urgencia, su repatriación por motivos médicos o por defunción. Su cobertura mínima será de 30.000 Euros o su contravalor en RMB.			
5.	**Flight Reservation:** When applying for a visa for multiple visits: reservation of the first visit. Attention: A confirmed return ticket. The ticket should be bought only after the visa has been issued! **机票预定单**：若申请多次入境旅游签证，首次旅行的机票预定单。注意：需为确认的往返程机票。机票应在签证签发之后出票付款！ **Reserva de vuelo:** Cuando se solicite un visado de múltiples entradas: reserva para la primera visita. Atención: un billete de vuelta confirmado. El billete deberá ser comprado sólo después de que el visado haya sido expedido.			
6.	**Proof of accommodation:** For the whole duration of the intended stay. **住宿证明：** 涵盖全部旅途的住宿证明 **Prueba de alojamiento:** Para toda la duración de la estancia pretendida			
7.	**Travel programme:** Documents providing clear evidences about your travel programme (booking transportation, itinerary, etc.). **旅行计划：** 能够清晰展示旅行计划的文件（交通方式预订、行程单等）。 **Programa de viaje:** Documentos que aporten una evidencia clara sobre el progr de viaje (reserva de transportes y hoteles, itinerario, etc.			

8.	**Proof of solvency of the applicant:** Bank statements from the last 3 to 6 months, no deposits. 申请人偿付能力证明：最近3至6个月的银行对账单，无需存款证明。 **Prueba de solvencia del solicitante:** Extractos bancarios de los últimos 3 a 6 meses. No se aceptan depósitos.			
9.	**Original "Hukou" (no translation):** With photocopies of all pages (only for Chinese nationals)./ Non-Chinese citizens are required to submit the valid Chinese residence permit. 户口簿原件（无需翻译）：及户口簿所有页的复印件（中国公民适用）/ 非中国公民需要提交有效的中国居留许可。 "Hukou" original (no traducido): Con fotocopia de todas las páginas (sólo para los nacionales chinos)/ Para los solicitantes de terceros países deben presentarse sus valido permiso de residencia.			
10.	**For minors (under 18):** Student card & Original letter of the school, -- mentioning: -full address, telephone number of the school -permission for absence -name and function of the person giving the permission. -1 photocopy thereof 未成年人（18岁以下）：学生证及学校出具的证明信原件，包含以下信息： — 学校的详细地址及电话号码 — 准假证明 — 批准人的姓名及职位 — 复印件一份 **Para menores de edad (menos de 18 años):** Tarjeta de estudiante + Carta original de la escuela, en la que se haga mención de: - la dirección completa y número de teléfono de la escuela - permiso para la ausencia - nombre y puesto de la persona que otorga el permiso - una fotocopia de todo lo anterior			
11.	**Minors travelling alone or with one parent:** – Notary Certificate of permission to travel from both parents or legal guardians (when minor is travelling alone) or the parent or legal guardian not travelling (if minor is travelling with one parent), legalized by MFA, and when not in China, attested by the relevant authorities in the country of residence. – Notary Certificate of family relation or proof of guardianship, legalised by MFA. 未成年人单独旅行或者和单方家长旅行时： — （当未成年人单独旅行时）由双方家长或法定监护人出具的，或（当未成年人跟随单方家长或监护人旅行时）由不同行的另一方家长或监护人出具的出行同意书的公证书，并由外交部认证；在中国境外办理时，由境外相关政府机构办理该公证。 — 经外交部认证的亲属证明或监护人证明的公证书 **Menores que viajen solos o con uno sólo de los padres:** – Certificado notarial del permiso para viajar otorgado por ambos padres o los tutores legales (cuando el menor viaje solo) o del padre o guardián legal que no viaja (si el menor viaja con uno sólo de los padres), legalizado por el Ministerio de Asuntos Exteriores chino, y si no están en China, legalizado por las autoridades competentes del país e residencia. – Certificado notarial del parentesco o prueba de tutela, legalizado por el Ministerio de Asuntos Exteriores chino.			
12.	**For Employees:** a sealed copy of the business licence of the employing company; a letter from the employer (in English, or in Chinese with English translation) on official company paper with stamp, signature, date and clearly mentioning: -address, telephone and fax numbers of the employing company -the name and position in the employing company of the countersigning officer -the name of the applicant, position, salary and years of service -approval for leave or absence **For retired persons:** Proof of pension or other regular income **For unemployed adults:** If married: Letter of employment and income of the spouse + Notary certificate of marriage, legalised by MFA. If single/divorced/widow/widower: Any other proof of regular income. 在职人员： 由任职公司盖章的公司营业执照复印件 由雇主出具的证明信（英文件，或中文附上英文翻译），需使用公司正式的信头纸			

015

并加盖公章、签字，并明确日期及以下信息：
-任职公司的地址、电话及传真号码
-任职公司签字人的姓名和职务
-申请人姓名、职务、收入及工作年限
-准假证明
退休人员：
养老金或其他固定收入证明
未就业成年人：
已婚者：配偶的在职和收入证明、婚姻关系公证书（由外交部认证）
单身 / 离异 / 丧偶：其他固定收入证明
Para empleados:
- una copia sellada de la licencia de negocio de la empresa empleadora
- una carta del empleador (en inglés, o en chino con traducción al inglés), en papel oficial de la empresa con sello, firma, fecha y que mencione claramente:
1. domicilio, números de teléfono y fax de la empresa; 2. nombre y ocupación de la persona que firma la carta;
3. nombre del solicitante, puesto, salario y años de servicio; 4. aprobación del permiso o de la ausencia.
Para personas jubiladas:
Prueba de cobro de una pensión u otros ingresos regulares
Para adultos desempleados:
Si está casado: Certificación de empleo y salario de su cónyuge + Certificado notarial de matrimonio, legalizado por el Ministerio de Asuntos Exteriores chino.
Si está soltero/divorciado/viuda/viudo: Cualquier otra prueba de ingreso regular.

Supporting Documents/辅助材料/Documentos Adicionales	Yes/有/Si	No/没有/No	Remarks/备注/Comentario
1.			
2.			
3.			
4.			

Please note that the Consulate may in justified cases, request additional documents during the examination of an application which are not mentioned in the above list. The applicant is hereby informed that submitting the above-mentioned documents do not guarantee automatic issuance of a visa.

申请人请注意：在合理的情况下，领馆除了上述清单上的材料有权利向申请人要求其它材料。递交了上述材料并不能保证申请人一定能获得签证。

Por favor tome nota que, en casos justificados, el Consulado podrá requerir documentos adicionales a los descritos más arriba. La presentación de la documentación requerida no implica una garantía automática de concesión del visado solicitado.

Inquiry Officer to delete as appropriate
资料审核员根据适用情况选择：
1. The applicant has confirmed that s/he has no other documents to submit
申请人已经确认她/他不提交其他文件
El solicitante ha confirmado que él/ella no tiene más documentos que presentar.

2. The applicant has submitted the supporting documents above. I have advised him / her that failure to submit all necessary documents may result in the application being refused, but s/he has chosen to proceed with the application.
申请人已经递交了上述文件，我已通知其不提交所有必要文件会导致被拒签，但其选择继续提交申请。
El solicitante ha presentado los anteriores documentos acreditativos. Le ha sido aconsejado que en caso de no presentar todos los documentos necesarios podría conllevar el rechazo de la solicitud, pero él/ella ha decidido continuar con la solicitud.

VISA Fee（签证费）Tasa de visado		NAME OF TRAVEL AGENT 代理名称/ Nombre de la agente	
Service Fee（服务费）/ Tasa de Servicio		ADDRESS 地址/ Domicilio postal	
Courier Fee (If any)快递费（如选）/ Tasa de mensajeria (en caso de haber)			
Other Fees（其他费用）/ Otras tasas		TEL/电话/ Números de teléfono	

Name & Signature of Processing Officer　　　　　　　　　　----------
（资料受理员签名/ Nombre y firma del empleado que lo tramita）　　Date/日期/Fecha

----
(Applicant's Signature/申请人签名/ Firma del solicitante)

西班牙推荐

017

❻ 签证费和服务费：

下述汇率自2015年4月起生效，并可能根据时间不同而有所变化。所有费用一经交纳将不予退还。以下欧元仅作为参考，请以人民币价格为准，所有费用须以人民币现金支付。信用卡及其他支付方式将不予接受。

费用类别	签证费		签证费 - 6岁至12岁儿童	
	欧元	人民币	欧元	人民币
签证费	60	444	35	259
服务费	–	114	–	114

豁免签证费种类：

所有欧洲共同体及欧盟成员国公民的配偶及子女。
6岁以下的儿童。
出行目的为学习或教育培训的学生、研究生及其随行的老师。
出行目的为科学研究的第三方国家研究员。具体解释在欧洲议会和欧盟理事会2005年9月28日的2005/761/EC号建议。
非营利组织的代表，其年龄为25岁或以下，参加由非营利组织举办的研讨会、会议、体育文化或教育活动。

注意事项：即使您符合了上述要求，您仍有可能被要求缴纳签证费，这将由西班牙领事馆决定。

7 附加服务

此处提及的服务是可选的。如需使用，您将需要支付除签证申请费用之外的额外费用。此额外费用必须在签证申请中心当场支付。

护照快递服务（到家庭或公司地址）：人民币50元

照相服务：人民币35元

复印服务：每页人民币1元

8 审理时间

北京-签证受理时间通常为5个工作日；

上海-签证受理时间通常为7~15个工作日；

广州-签证受理时间通常为5~15个自然日。

如遇某些申请，尤其是需进一步审阅资料时，受理时间会延长最多至30天。某些特殊申请如需提供额外资料或面试，受理时间会延长最多至60天。

9 护照领取

申请人本人领取护照：请携带缴费凭证和盖有西班牙签证申请中心章的护照首尾页复印件。

代理领取护照：除上述文件之外，还请出示：

1.申请人与护照领取人共同签署的委托书（注明护照领取人姓名、身份证号码和机构名称）。

2.护照领取人的照片证件原件和复印件，如身份证、护照或驾驶执照。

上海领区的申请人：一旦您的签证未被获批，根据上海西班牙领事馆规定，必须由申请人本人亲自到西班牙签证申请中心领取您的护照。任何中介或者第三方都不能代为领取。

10 签证中心信息

北京西班牙签证申请中心
北京市朝阳区工体北路13号院1号楼702室（海隆石油写字楼/世茂百货北面）
申请受理时间: 8:00-15:00 (周一至周五)
领取护照时间: 8:00-15:00 (周一至周五)
热线电话: 010-84059481/84059482；时间: 8:00-16:00 (周一至周五，公共假期除外)
咨询邮箱: infopek.espcn@vfshelpline.com
上海西班牙签证申请中心
地址: 上海市徐家汇路555号广发银行大厦3楼
申请受理时间: 8:00-15:00 (周一至周五)
领取护照时间: 8:00-15:00 (周一至周五)
热线电话: 021-33661349；时间: 8:00-16:00 (周一至周五. 公共假期除外)
咨询邮箱: infosha.espcn@vfshelpline.com
广州西班牙签证申请中心
广州市天河区体育西路189号城建大厦2楼219室，邮编: 510620
申请受理时间: 8:00-15:00 (周一至周四)
　　　　　　 8:00-14:00 (周五)
领取护照时间: 8:00-15:00 (周一至周五)
热线电话:020-38734001；时间: 8:00-16:00 (周一至周五，公共假期除外)
咨询邮箱: infocan.espcn@vfshelpline.com
请留意，所有的签证申请中心将会依照领事馆列表的公众节假日关闭

小贴士

安全条例

按照西班牙大使馆安全要求，以下物品不允许携带进入或存放于签证申请中心内。

所有安装电池的电子设备，如相机、录音机/录像机、光碟机、MP3、软盘、笔记本电脑或随身听。

如旅行袋、背包、公事包、旅行箱、皮质/麻质/布质的手提袋、拉链文件包。仅允许携带装有申请材料的文件袋进入。

不明的信封或包裹。

任何易燃物品，如火柴盒/打火机/燃料等。

任何尖锐物品，如剪刀、小刀或指甲锉。

武器或类似武器的物体，或任何爆炸物品。

上述物品种类繁多不及备载，基于安全考量，其他物品亦有可能被安全人员禁止携带入内。

安全人员被授权在签证申请过程中随时可检查申请人的包。

出于安全考虑，不允许有利害关系者陪同申请人，如朋友、亲属或有商业往来者。然而，听障者、身障者、语言不通者不在此限。

注意事项: 签证申请中心没有寄存违禁品的设施。申请人需在进入中心前做好随身物品的整理及摆放。

西班牙推荐

11 出入境口岸

当签证办好之后，游客就可以按照自己的日程前往西班牙了。目前前往西班牙主要乘飞机，在北京、上海、广州三大城市有直飞西班牙的航班，旅客可以根据具体情况自由选择航班。

出入境口岸	交通工具	入境情况	开放时间	进入市区交通方式
马德里巴拉哈斯机场	飞机	入境轮候时间较短	24小时	在马德里巴拉哈斯机场的地下纵横贯穿着4条地铁，可以很方便地到达马德里市区。另外，这里的地铁分为入境和出境两个口，请注意不要弄混。

12 出入境须知

游客在出入中国边防及在西班牙入境时，请手持护照依次排队办理相关手续。一般来说，办理登机手续时航空公司会按国际惯例以客人姓名的英文字母顺序发放登机牌，如果需要调整座位，可以在其他乘客全部坐好后自行请空乘人员协助调换。

出入境时一定要据实申报所携带行李物品，不得走私、漏税、携带违禁物品或超过限量。出境时，中国海关规定每名出国游客最高可随身携带等值5000美金的现金，另外，像摄像机和变焦照相机这样海关规定申报的物品也必须申报。

在抵达西班牙的机场之后，检疫手续和入境手续是必须办理的，另外还必须出示相关的证件和证明。西班牙机场一般分为国际区和申根区：在国际区内可转机赴非申根国家，如去其他申根国家，就需要进入申根区。是否需要在该机场转机，转机前往的国家是否为申根国家，所需要的手续和证件都不相同，请在入境之前了解清楚并准备好。

从其他欧盟国家入境在欧盟国家范围内旅行时，对购买和携带用于个人用途的物品没有限制。在这种情况下，若是个人用途，则数量低于800支香烟、400支小雪茄、200支雪茄、1公斤烟草、10升烈酒、20升强化酒精葡萄酒、90升葡萄酒和110升啤酒的话无须申报。此外，携带现金数量超过1万欧元需要申报。从非欧盟国家入境旅客不能将动物食品作为行李部分带入欧盟境内（肉类，肉产品，奶类，奶制品）。唯一例外的情况是商业包装的婴儿奶粉，以及有特殊医疗需求的食品。同时，来自法罗群岛、格陵兰岛和冰岛等岛屿的旅客可以携带少量的肉类和奶制品入境用于个人消费。其他食品可以带入西班牙，但重量不得超过1公斤。

旅客在进入西班牙时可以携带个人和家庭生活用品或者礼品，只要这些物品的数量和性质不被认为是销售商品。这一鉴定将由边境岗哨的海关服务局进行。

现在允许18岁以上成年人携带200支香烟，或者50支雪茄或250克烟丝。酒水方面，可以携带一升酒精度数在22度以上的饮料和两升低于这个度数的饮料。

根据国际惯例，一国的边检部门有权审查入境旅客，如拒绝其入境，并不需说明理由。游客如果在入境时受阻，应该向机场边防如实说明入境或过境事由，并了解受阻原因。语言不通的话也没关系，可以要求对方提供翻译。如果遇到某些无法解决的事情，可以联系中国驻西班牙大使馆。另外，尽量不要在看不懂的文书上签字。

021

13 货币兑换

西班牙通行的货币是欧元，人民币在西班牙不属于流通货币，不能自由兑换。西班牙所有银行在周一至周六8:30—14:00的办公时间（6月至9月银行周六不办公）以及各大城市的兑换所都可以为游客提供外汇兑换服务。大部分酒店和旅行社也可以兑换外汇。

14 时差

西班牙与中国相差7个时区，此外，西班牙每年三月最后一个周日开始实行夏时制。

15 语言

西班牙语为官方语言，大部分城市也可以使用英语，在加泰罗尼亚地区可以使用当地的加泰罗尼亚方言。

16 电压

西班牙的电压大多数为220伏，插头分别有两脚圆相和两脚扁相，不需要电源转换插头。

17 小费

西班牙所有的场所收费都已经包括了服务费，但是酒吧、餐馆、酒店和出租车服务有额外给小费的习惯，数目依据总费用和客人的满意程度而定，通常为总价的5%~10%。

18 通讯

国内的手机在西班牙可以使用，不过必须支付高昂的漫游费。想要和国内联系，需要先拨0086，然后再加上地区号和电话号码即可。西班牙的酒店房间内拨打电话通常较为昂贵，游客可以购买欧洲通用的电话卡，它的使用方法和IP电话卡一样，价格比直接拨打要经济得多。

19 治安

在西班牙的马德里和巴塞罗那等大城市中，游人一定要注意看管保护好自己的财物，当地的观光景点经常有一些针对亚洲游客的小偷，一定要注意。在餐厅、博物馆、酒店大厅、百货公司和街头这样人多的地方特别要当心。注意不要将自己的财物暴露在大庭广众之下，夜晚出行要结伴而行，以免发生意外。

20 健康医疗

西班牙国家医疗系统在全国范围内有大量医疗中心和医院网点。医疗中心提供基本医疗服务（家庭医疗、一般内科、儿科和护理，此外有助产士、理疗师和社工）。离任何一个居民区15分钟以内的路程内都能找到一个医疗中心。如果有必要，还可以去患者家中上门服务。

在农村地区和小村庄，地方手术室在某些天会开放，来自上级医院的医疗人员将前来支援。

医院提供专科治疗，但必须先由医疗中心开出专科医生预约单。在医院和某些医疗中心提供事故和急救服务。

西班牙的药品仅在药店出售。大街上药店有绿色的十字标志。治疗处方由医生开具。如果您来自欧盟国家或其他与西班牙有协议的国家，就可以享受与西班牙居民一样的药品优惠待遇。

21 退税

居住地不在欧盟的游客在西班牙购物可以要求退税。西班牙法律规定，要获得免税卡，游客同一天的购物额不能低于90.15欧元。游人需要首先在西班牙购物商店申请退税发票并出示护照，出关时出示所购之物，由海关人员在退税发票上盖章后向西班牙主要机场退税服务台要求退还税款，以便领到退还的税金现款或将税金直接打到信用卡上。

22 常用电话

紧急电话：112
市区警察：91-588-5000
交通警察：91-457-7700
庇护电话：91-556-3503
红十字会：91-522-2222
中国驻西班牙大使馆电话：915194242

C 速度行 西班牙！
SPAIN HOW

1 西班牙交通

航空

西班牙空中交通便利，全国总共拥有47座机场，其中马德里巴拉哈斯机场、巴塞罗那普拉特机场和马拉加机场是西班牙最重要的三座国际机场。中国游客可从北京直飞马德里巴拉哈斯机场，也可从北京、上海、广州乘航班经巴黎等城市转飞西班牙。

火车

西班牙铁路网与欧洲铁路网连通，从伦敦、巴黎、维也纳、苏黎世等欧洲主要城市都可以乘火车进入西班牙境内。西班牙国内的铁路以马德里为中心，可方便快捷地前往全国各主要城市。在西班牙乘坐火车购票时需注意不同季节、不同时段车票价格都会有很大差异，通过网络购票也可获得折扣。

起点	终点	火车
马赛（法国）	巴塞罗那和马德里（西班牙）	AVE
巴黎（法国）	巴塞罗那（西班牙）	AVE
里昂（法国）	巴塞罗那（西班牙）	AVE
图卢兹（法国）	巴塞罗那（西班牙）	AVE
巴黎（法国）	伊伦（西班牙）	城际夜车
尼斯（法国）	伊伦（西班牙）	城际夜车
日内瓦（瑞士）	伊伦（西班牙）	城际夜车
图卢兹（法国）	伊伦（西班牙）	城际夜车
里斯本（葡萄牙）	马德里（西班牙）	路西塔尼亚
里斯本（葡萄牙）	伊伦（西班牙）	南部特快
波尔图（葡萄牙）	维戈（西班牙）	维戈－波尔图

另一种游览西班牙的独特方式就是通过爱利浦索斯酒店式列车或爱利浦索斯列车（RENFE与SNCF合作），或是通过使用欧洲火车通票 InterRail 、Eurail o Rail Plus，从其他欧洲国家来到西班牙。

你也可以通过 http://www.renfe.com （西班牙国家铁路网站）来查询你感兴趣的路线信息并预定车票，或拨打电话34 902 320320，会有英语、法语或西班牙语的服务来帮助你解决疑问。

坐船

西班牙通过海上常规航线与英国、意大利、葡萄牙、摩洛哥和阿尔及利亚相连。下面为您介绍现有的路线及提供相关路线的旅行公司。

从阿尔及利亚出发

023

路线	公司
奥兰－阿尔梅里亚	ACCIONA Trasmediterranea公司
卡扎乌-阿尔梅里亚	ACCIONA Trasmediterranea公司

从意大利出发

路线	公司
奇维塔韦基亚－巴塞罗那	Grimaldi Lines
热那亚－巴塞罗那	Grandi Navi Veloci公司
波尔图托雷斯－巴塞罗那	Grimaldi Lines
里沃莫－巴塞罗那	Grimaldi Lines
萨沃纳－巴塞罗那	Grimaldi Lines

从摩洛哥出发

路线	公司
阿尔－胡塞马－莫特里尔（格拉纳达）	Armas公司
纳祖尔－阿尔梅利亚	ACCIONA Trasmediterranea公司
丹吉尔－阿尔赫西拉斯（卡迪斯）	ACCIONA Trasmediterranea公司
丹吉尔－巴塞罗那	Grandi Navi Veloci公司和Grimaldi Lines

从英国出发

路线	公司
普利茅斯－桑坦德	布列塔尼渡轮公司
朴茨茅斯－毕尔巴鄂	布列塔尼渡轮公司
朴茨茅斯－桑坦德	布列塔尼渡轮公司

另一种抵达西班牙的方式就是乘坐西班牙游轮，因为西班牙的海岸线有近8000公里，是这类航行热门的目的地。

❷ 自驾车

在西班牙驾驶必须年满18岁，持有国际驾照。若要租车，必须满21岁。由于情况各有不同，建议您在旅行前与西班牙使领馆联系，确认所需要的手续。

安全法规

道路安全法规：在西班牙驾车，需要了解一系列道路安全法规。比如：1.禁止在驾驶过程中打手机，除非是使用免提系统。2.加油时必须关闭收音机和手机。3.走出车辆、占据车道或路肩时，必须身着反光背心。4.如果车辆停在车道或路肩，必须使用三角提醒标识。5.禁止安装和使用旨在逃避交警监管的装置。6.只能从欲超越车辆的左侧超车。7.建议全天使用照明装置以改善可见度。8.应遵守限速：在高速路上最高速度为120公里/小时，在普通公路上为100公里/小时，在其余道路上为90公里/小时，在市内为50公里/小时。9.血液酒精含量不能超出0.5克/升（呼气酒精含量上限为0.25毫克/升）。10.驾驶员和车辆中前后座人员均须使用安全带。11.驾驶摩托、自行车和助力车时必须携带头盔。12.不是所有的公共道路都允许停车，也不是全部都免费。在很多城市，只能在划定区域停车并且需要交费。一般来说，这类收费停车区都有停车咪表。

自驾游西班牙

自驾车的外国游客需具备以下条件：一、持有驾照；二、车辆流动临时许可：有效期为6个月，可在海关申请；三、车辆保险：需要购买入境保险（机动车辆民事责任的强制临时险）。

由于条件可能变化，建议您在旅行前与西班牙使领馆联系确认所需要的手续。

③ 马德里交通

飞机
马德里巴拉哈斯机场（Barajas）距离市区约12公里。机场现在有四个航站楼，以T4为主，负责接待伊比利亚航空，T1、T2、T3分别以天合联盟、星空联盟、欧罗巴联盟为主。到达和离开机场可选乘地铁、Cercanías、大巴、出租车。

火车
马德里是西班牙铁路网的中心。从马德里到塞维利亚有高速铁路（AVE），471公里全程只需2小时15分钟，马德里和马拉加之间还有高速列车Talgo 200运行。

主要线路：

马德里-巴黎：车次00407，19点出发，第二天8:27到达，为卧铺车（Trenhotel）。

马德里-巴塞罗那：为AVE高速铁路，每个整点和半点发车，车程约2小时40分钟，普通票价为100~120欧元。

马德里-塞维利亚：为AVE高速铁路，每个整点和半点发车，车程约2.5小时，普通票价为65~70欧元。

马德里-格拉纳达：09214次列车7:40出发，12:16到达；09234次17:05出发，21:37到达。普通票价约60欧元。

观光巴士
马德里城市的红色双层观光大巴Madrid City Tour总共设有两条线路，线路1时长为80分钟，线路2时长为65分钟，基本涵盖了马德里的所有景点。此外还提供多种语言的语音导游，是车览马德里的最好选择之一。可以选择24小时通票或者48小时通票，在规定期限内无限次乘坐观光巴士。在网上购买可以享受优惠。

购买地点：Felipe IV, 4,28014 Madrid(Museo del Prado 普拉多博物馆旁)；Julia Travel: Plaza de España, 7；直接在巴士上购票，也可以在Gran Vía和太阳门广场周围的纪念品商店购买观光巴士票。

费用：成人 21 欧元/ 日，25 欧元/ 两日； 青少年(7~15 岁)、65 岁以上老人 10 欧元/ 日，13 欧元/2 日；家庭票(2 位成人带领2 个7~15 岁的青少年) 53 欧元/ 日；儿童(6 岁以下)免费。

网址：http://www.madridcitytour.es/en/inicio

联系方式：(34-913)692732

缆车
缆车（Teleferico）把马德里和它最大的绿化区Casa de Campo连接起来。总长2.5公里，可以从一个独一无二的角度欣赏马德里，从历史古迹到自然风光一览无遗。

地址：Paseo del Pintor Rosales, s/n, 28011

交通：地铁3、4、6号线Arguelles站。

电话：915411118

开放时间：周一至周五12:00-18:00，周日和节假日12:00-18:30

票价：成人单程票3.25欧元，往返4.65欧元；儿童（3~7岁）单程票3欧元，往返3.8欧元；老人单程票3.2欧元，往返3.7欧元；残疾人往返票2.4欧元；学生团体单程票2.7欧元，往返3.5欧元；多子女家庭往返成人票4欧元，儿童票2.7欧元；青年卡往返票4欧元；20人以上团体票单程3.1欧元，往返3.9欧元。

租车自驾
西班牙各大机场都配有全球连锁的租车公司，例如Avis、Hertz 和Sixt。此外，Europcar、Alamo、Dollar、Atesa 等公司也可以选择。尤其是Atesa，是西班牙本土的租车公司，优惠的幅度比较大，在全国各店都可以还车，是个方便的好选择。在西班牙，只要是头三个月的旅游签证，中国驾照是可以直接使用的，不需要翻译件或者公证件（具体要求以租车公司为准）。但提车的时候需要护照、驾照和信用卡。提车的时候要付清所有的款项，另外加100 欧元的保证金。这个保证金在还车时一并返还。最好刷欧元卡，其他币种的卡可能会有汇兑损失。费用是以24 小时为单位计算而不是以自然天算的。GPS 有中文语音可选。预订时无须付款。西班牙和其他欧洲国家一样，流行手动挡小型车，自动挡的选择余地不大，开惯自动挡的人在选车的时候要细心注意！

租车公司

Avis

联系方式：（34-963）168019

网址：http://www.avis.com

Hertz

联系方式：（34-961）523791

网址：http://www.hertz.com

Atesa

联系方式：（34-963）086006

网址：https://www2.atesa.es/webcorporativa/Home.aspx?AspxAutoDetectCookieSupport=1

地铁

马德里地铁线路发达，不仅在市中心纵横交错，还连接马德里周围的众多卫星城，是世界上人均拥有地铁最多的城市。马德里地铁按A、B1、B2、B3、C1、C2、E1、E2等区域划分，单区单程票1欧元，跨区域乘车时按跨区数量票价分别为跨2区1.15欧元、跨3区1.3欧元、跨4区1.85欧元、跨5区2.45欧元、跨6区2.9欧元、跨7区3.8欧元。

公共汽车

马德里公共汽车拥有超过160条日间线路和26条夜班线路，其中市区运营的日间线路运营时间一般为6:00—23:30，车票与地铁共用，单程票为1欧元，若购买可使用10次的Metrobus则只需9欧元，可多人同时使用。

出租车

马德里街头出租车为白色车身，前车门有一道红色的对角线，夜班出租车亮起绿灯即表示空车，除在出租车站排队等候外也可在路边招手拦车。马德里出租车平日和假日、白天和夜晚起步价不同，介于2.05欧元和3.1欧元之间，之后每公里0.98欧元，夜班或假日则1.17欧元。

③ 巴塞罗那

火车

巴塞罗那市内有两个主要火车站：Estacio Sants站主要是西班牙国内城市长途火车的起结站，车站内设备齐全，还有地下铁路站通往市内各区；Estacopde France则是往返法国的主要火车站，部分国内线列车亦会停靠此站。

从欧洲的其他国家有铁路可到达巴塞罗那的桑兹火车总站（Estacio de Sants），同时也有从这里开往西班牙主要城市的铁路线。马德里和巴塞罗那之间有快捷的AVE（高速列车）相连，仅需2小时即可到达，发车频率为每天17对。可在马德里Atocha火车站购票，或登录www.renfe.es购买车票。

长途巴士

马德里查马丁（Chamartin）车站每天有10班长途巴士开往巴塞罗那，行车7小时，票价为30~40欧元。

巴塞罗那北站（Barcelona Nord）是巴塞罗那市内最主要的车站，每天有开往西班牙国内、欧洲和北非的长途巴士。车站内有游客咨询中心，也可存储行李等。

从西班牙其他城市可选择大巴到达巴塞罗那。虽然时间相对较长，但也还算经济舒适，并且西班牙的长途汽车站距离市内都不远，到大城市的发车频率也较高，除暑假高峰外，基本无需提前买票。地铁L1的Arc de Triomf站、54路公交，或是Renfe Cercanía（短途列车）的L1、3、4都可到达汽车北站。

观光巴士

巴塞罗那的观光巴士标志为醒目的大眼睛，所以也被俗称为"大眼睛"。巴塞罗那有3条观光线路，基本囊括了市区内所有的重要景点，观光时间为1~2小时，从加泰罗尼亚广场(Plaza de Catalunya)出发，停靠站下车参观后，如果您想去下一个景点，只需要回到停靠站等下一辆巴士即可。巴士分为上下两层，上层为露天，坐在露天的巴士上层，视野开阔，街景一览无余，拍照的角度也很不错。缺点是夏天酷热、冬天寒冷，出行注意衣服的增减。第一次上车时提供耳机，因为车上提供语音导览服务，包括中文。

其他信息
地址：Carrer de Balmes, 5, 08007 Barcelona
网址：https://www.barcelonabusturistic.cat/en/home
费用：
成人1天票27欧元（网络购票24.3欧元），4~12岁儿童1天票16欧元（网络购票14.4欧元）。
成人2天票35欧元（网络购票31.5欧元），4~12岁儿童1天票20欧元（网络购票18欧元）。
联系方式：(34-933)176454
运营时间：始发站为9:00-9:30；终点站为夏季末班车19:00，冬季末班车20:00；每5~25分钟发一班车。

轮船

巴塞罗那港是地中海最大的港口，所以有很多的机会经海路抵达或出发去别处。巴塞罗那港也是许多豪华邮轮的重要一站。这里的轮船连接西班牙重要岛屿如Mallorca、Menorca、Ibiza（巴利阿里群岛），同时也联系着欧洲其他地方，如意大利的热那亚等。

巴塞罗那与巴利阿里群岛的主要城市之间每天都有班次，有普通席位和高级仓位。若想买到普通船票需提前至售票点购买，否则只能买到票价高出两三倍的高等仓了。Acciona Trasmedi-terránea为主要经营巴塞罗那至西班牙国内其他岛屿或港口的公司。线路、票价和订票请登录www.trasmediterranea.es。

出租车

巴塞罗那出租车很好辨认，由黄色和黑色两种颜色组成。出租点也不难辨认，蓝底和大T的牌子，地上也有黄色标志。价格白天、夜晚不同，夜间相对较贵。起步价2欧元，每公里0.9欧元，行李另加价。

❹ 塞维利亚

飞机

欧洲各大城市每天都有班机抵达塞维利亚；马德里到塞维利亚之间的飞行时间大约为55分钟，每天有5-6次班机，在冬季时候班次可能会有所变更；此外，塞维利亚和阿利坎特、瓦伦西亚、拉斯帕尔玛斯、巴塞罗那等各大城市间也有航班。

SAN PABLO机场在塞维利亚城的北面方向12公里处，机场巴士每半小时一趟开往市中心，其票价相对于出租车要便宜很多。

火车

塞维利亚和西班牙其他城市如巴塞罗那、卡蒂兹、科尔多瓦、格拉纳达、韦尔发、马德里、马拉加、瓦伦西亚等之间都有互通的列车。其与马德里之间有每小时一班、每天15班AVE高速火车对开；特快及快车每天4班。（您可以在Santa Justa火车站里买到地图和宾馆示意图等资料，并且可以使用投币式储物柜寄存行李。）

公交车

塞维利亚的公共汽车线路不多，但分布均匀，换乘很方便。C-1、C-2、C-3、C-4四路车绕着塞维利亚的城市环线行驶。市区东西南北四个点分别有公交车连接市中心，形成放射性网络。此外还有4条线路横向贯穿全城。主要的公共汽车站集中在塞维利亚市政厅前的新广场(Plaza Mueva)和牟利罗花园附近的圣塞巴斯汀广场(Prado de San Sebastian)。

027

公交车票价：单次1.4欧元，可在圣塞巴斯汀广场办理多次票、1日票或3日票，需要1.5欧元的押金，1日票5欧元，3日票10欧元。

马车

马蹄步履缓缓地踩在鹅卵石上，回声清脆悦耳，听起来甚是浪漫。在Plaza del Triunfo的东边，可以看到成群的马车，那是它们的主要聚集地。它们的工作时间自上午10点至晚上11点。费用为35~40欧元，时间为35~40分钟，主要行走在城市宽阔的林荫道上。

自行车

尽管塞维利亚的夏天非常炎热，但是自行车租赁仍然备受欢迎。春秋两季当然是最适宜的季节。Cyclotour是一家专门出租自行车的公司（电话：95-427-45-66），有两个分公司：靠近Torre del Oro的Paseo de Colón s/n；以及位于Avenida Hernán Cortez的Parque de María Luisa s/n。Cyclotour的营业时间：10:00-21:00。租金为4小时10欧元，8小时18欧元，24小时20欧元，一周需50欧元，另需交付押金100欧元。

❺ 瓦伦西亚

地铁

瓦伦西亚地铁是跨越瓦伦西亚与郊区的一条现代化地铁，这个地铁系统目前有6条线路，包括134公里的地面有轨电车（Tranvía），以及19公里的地下路线，运营路线分为A、B、C、D四个区域。非常方便地把市区和周边邻近的市镇连接起来。可以到各大地铁站售票口拿到地铁线路图。单区内的单程票价为1.5欧元，还可以购买十次票，十次票优惠价格为7.2欧元。首次购买时会花费1欧元的卡底钱，此后可以多次充值使用。还可以购买72小时通票，价格为22欧元。

有轨电车

4号和6号线的部分路段是有轨电车，是游览瓦伦西亚城市风光的主要交通工具和线路之一，也是直达海滩的最好选择。单次车票1.5欧元，可在半小时内无限次换乘公共交通。可以在各个站台购买十次票和单次票。

公交车

瓦伦西亚的公交车线路遍布整个城市，是当地人最常选择的交通工具。公交车的标志是EMT，车内配有移动WIFI。市内除了部分长途公交车根据距离收费，其他公交车统一收费，单次票价为1.5欧元。在烟店和报亭购买十次票(Bonobus)或者进行充值，还可以享受折扣。公交车站内贴有不同线路的信息，还有电子显示牌显示下一辆车到达的时间。

网址：http://www.emtvalencia.es

瓦伦西亚公交车站站名使用的是瓦伦西亚语，下车前需要按铃提醒司机停车。

出租车

瓦伦西亚市的出租车是白色的，空出租车在挡风玻璃上会显示"Lliure"或是"Libre"，晚上则会在车顶亮起绿灯。6:00-22:00收费的起步价为4欧元，夜间其余时段的起步价为6欧元。平常日间每公里的费用为1.01欧元，夜间和周末每公里1.16欧元。到机场要多加4.95欧元，码头加2.8欧元。

观光车

瓦伦西亚的城市双层观光大巴Valencia Tourist Bus总共设有两条线路四种选择，分别是平日里的历史景点和海景路线，以及法雅节期间的历史景点和海景的特殊路线。四种游览线路时长均为90分钟，基本涵盖了瓦伦西亚的所有景点。此外还提供多种语言的语音导游，是游览瓦伦西亚的最好选择之一。您可以选择24小时通票或者48小时通票，在规定期限内无限次乘坐观光巴士。成人价格从15欧元起，另外有售家庭票和团体票，在网上购买可以享受优惠。

速度玩西班牙!

SPAIN HOW

西班牙推荐

10大人气好玩旅游热地

① 王宫

马德里王宫是欧洲第三大王宫,这里迎来过多位西班牙国王,他们也用各自的方式在这里留下了印记,为这座宫殿赋予了多姿多彩的风格。

② 普拉多美术馆

普拉多美术馆是欧洲四大美术馆之一,收藏着全世界最全的西班牙绘画。作为原来王室的收藏馆,这里拥有西班牙诸位著名艺术家的作品,是每个游客都不容错过的艺术圣殿。

③ 王室赤足女子修道院

王室赤足女子修道院是过去西班牙王室女子修道隐居的去处,这里是一座经典的王室宗教建筑,内部藏有很多珍贵的艺术品,目前也是一处重要的美术馆。

④ 索菲亚王妃艺术中心

索菲亚王妃艺术中心由医院改建而来,是马德里市中心的艺术金三角之一,人们可以在这里欣赏到毕加索、达利等人的画作,其中以毕加索的名画《格尔尼卡》最为著名。

029

⑤ 本塔斯斗牛场

　　本塔斯斗牛场是马德里最著名的斗牛场，每年的斗牛季节这里每场表演均人满为患，无数人狂热地为斗牛士的一举一动叫好，是欣赏西班牙这一国粹的最好去处。

⑥ 圣家族大教堂

　　圣家族大教堂是世界建筑史上的伟大奇迹，这座教堂1882年开始建造，至今仍未完工，著名建筑师高迪为其呕心沥血数十年，其建筑的精美程度无法用语言形容。

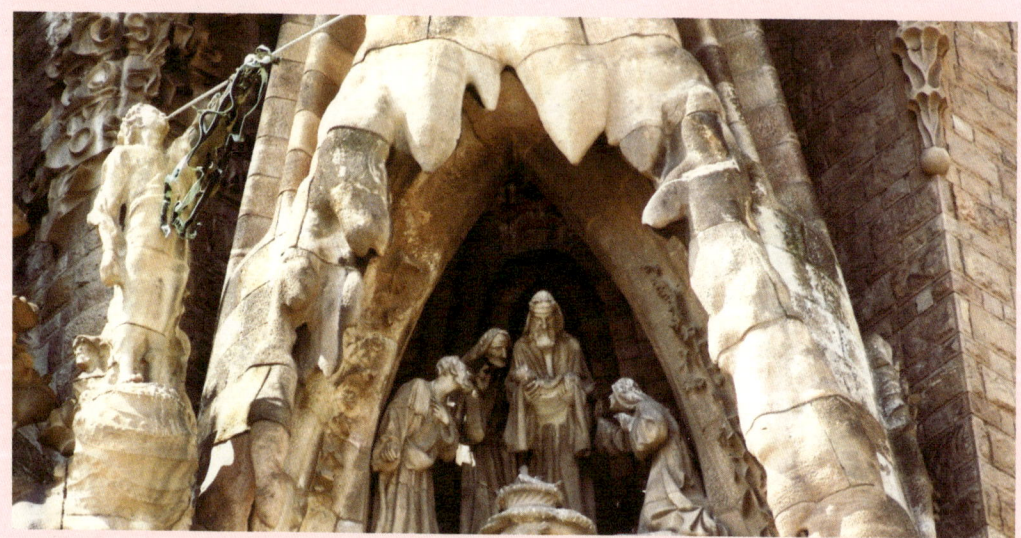

西班牙推荐

⑦ 托莱多大教堂

托莱多大教堂是西班牙第二大教堂，这里有来自欧洲各国的艺术家为它创作的祭坛屏，描绘了耶稣从诞生到升天的各个场景，是一件不可多得的艺术品。

⑧ 不和谐建筑群

不和谐建筑群共有三座建筑，分别由三名不同的建筑设计师设计，它们在风格上各有千秋，却又能和谐地融为一体，是每个来巴塞罗那的人都不会错过的景点。

⑨ 米拉之家

米拉之家被人们爱称为"石头屋"，这里有不规则的墙面和造型奇特的烟囱，是高迪设计思想的完美体现，吸引了众多的游客。

⑩ 塞维利亚大教堂

塞维利亚大教堂是一座建于清真寺基础上的哥特式教堂，是世界三大教堂之一。在这里安放着大航海家哥伦布的灵柩，此外还有多名西班牙国王在此安息。

031

E 速度玩 西班牙！
SPAIN HOW

10大 Free主题 迷人之选

① 太阳门广场

太阳门广场以著名的迎新年大会而在马德里人的生活中占据了重要地位，每年12月31日这里都会举行盛大的活动，随着新年钟声响起，大家一起欢庆新年，十分热闹。

② 丽池公园

丽池公园是马德里最著名的公园，这里有大片绿树碧水，环境十分优美。同时还有一座用玻璃和钢材搭建的水晶宫，是公园内最著名的建筑。

③ 丰收女神广场

丰收女神广场是每年皇家马德里队庆祝夺冠的广场，如果他们夺冠就会在女神身上披上皇马队的围巾，并举行盛大的庆祝典礼，热闹非凡。

④ 东方广场

东方广场是从一座斗牛场改建而成，是通往马德里王宫的必经之路，广场四周所竖立的历代西班牙国王的塑像，是这里最大的看点。

西班牙推荐

⑤ 巴塞罗那新广场

新广场位于巴塞罗那旧城区的中心，这里有著名的4只猫餐厅，是艺术巨匠毕加索的成名之处，同时还能看到很多具有加泰罗尼亚传统风情的表演，是无数年轻人聚集的地方。

⑥ 莱昂大教堂

莱昂大教堂是使用金色砂岩建成的，显得庄严而大气。教堂内部还有内容丰富的彩绘玻璃图画，从动植物到圣经故事应有尽有，极具艺术价值。

⑦ 贝尔港

巴塞罗那的贝尔港是当年哥伦布出发寻找印度的地方，在这里还摆放着当年哥伦布航海用的船只的复制品，让人们感受到大航海时代的壮志豪情。

⑧ 瓦伦西亚交易中心

瓦伦西亚交易中心是欧洲最著名的哥特式建筑之一，是过去商人们交易货品的主要地方。尤其以其中的丝绸交易厅最为出名，兼具了美感和实用性。

⑨ 圣地亚哥大教堂

圣地亚哥大教堂是祭祀耶稣十二门徒之一雅各的教堂，是西班牙的一处圣地。这里安置着雅各的遗体。同时，这座教堂也以自己特有的风格成为巴洛克风格中的独特流派。

⑩ 哥伦布纪念柱

哥伦布纪念柱是为了纪念哥伦布航海归来而立的，在柱子顶端有一座世界上最大的哥伦布塑像，是巴塞罗那港最引人注目的标志。

033

F 速度买西班牙！
SPAIN HOW

10大买平货潮流地

① 跳蚤市场

马德里的跳蚤市场在西班牙规模最大，已有500多年的历史，各个店铺分布在多个街区之中，在这里可以低价买到各种物品，因此吸引了很多顾客。

② 格兰维亚大道

格兰维亚大道是马德里最主要的干道，两侧拥有很多伊比利亚风格的传统建筑，其中不乏大量经营时尚名品的店家和餐厅，是假日逛街的好去处。

③ 塞拉诺街

塞拉诺街是引领马德里时尚界的先锋，在这条贯穿十几个街区的大街上拥有很多世界名牌与西班牙本土时尚品牌的商店，是每一个时尚潮人必去的流行圣地。

④ 萨拉曼加区黄金英里区

萨拉曼加区是马德里四大时尚购物区之一，有"黄金英里区"之称，这里布满了世界顶级品牌的购物商店和各种新潮小店，让人眼花缭乱。

⑤ 马约尔广场周边小店

马约尔广场是被称为"西班牙大院"的知名广场，这里拥有无数小店，它们大多贩卖各种具有西班牙特色的小商品，是来马德里旅游的游客们购物的好地方。

⑥ ABC购物中心

作为马德里规模最大的购物中心，ABC购物中心拥有5层营业空间，不仅汇集了Mango、ZARA、Musgo等年轻人喜爱的时尚潮流名品店，还有众多知名品牌的专卖店。

⑦ Las Rozas Village

Las Rozas Village是马德里重要的购物村，这里地理位置优越，离各个旅游景点都很近，在这儿能买到各种旅游纪念品，每天都客流如潮。

⑧ 兰布拉斯大街

兰布拉斯大街是巴塞罗那最著名的步行街，因为大街两侧有很多经营鲜花和纪念品的商店，所以又有"花街"之称，吸引了众多游客光顾。

⑨ 格拉西亚大道

格拉西亚大道是巴塞罗那著名的不和谐建筑群所在地，在这里可以看到三位建筑大师的杰作，除此之外，这里还有不少商店，是著名的购物中心。

⑩ 巴塞罗那大教堂古董跳蚤市场

巴塞罗那大教堂古董跳蚤市场在每周四开张，届时在大教堂广场上会有很多古董摊，来自各地的游人在这里淘宝，经常会有意外的惊喜。

西班牙推荐

速度买西班牙！
SPAIN HOW
特色伴手好礼带回家

① 葡萄酒

一提到葡萄酒，人们肯定都会想到法国、意大利、美国等著名的葡萄酒产地，但是却忽视了西班牙。事实上，西班牙是世界第三大葡萄酒生产国，西班牙的葡萄酒并不像法国葡萄酒那样引人注目，也不像美国加州葡萄酒那样有铺天盖地的广告，有的只是高质量和便宜的价格，因此近年来越来越受到人们的喜爱。西班牙葡萄酒主要分为一般葡萄酒和高档葡萄酒两种，其中诞生了不少世界知名品牌。同样是用葡萄酿制的雪莉酒更是西班牙闻名世界的特产。

② 橄榄油

由于西班牙夏热冬冷，日夜温差较大，加之拥有很长的日照时间和干燥的气候，使得西班牙成了种植橄榄的大国之一。用西班牙特产的橄榄榨出来的橄榄油是世界各地人们的新宠，出口量占到世界第一。虽然这里的橄榄油比不上意大利或是法国的那么出名，但是质量好。尤其是西班牙南部安达卢西亚地区是西班牙最大的橄榄油生产区，这里出产的橄榄油物美价廉，在西班牙人的生活中占据着重要的地位，可以说西班牙人的生活每时每刻都离不开橄榄油。

西班牙推荐

③ 伊比利亚火腿

伊比利亚火腿是西班牙最主要的特产之一，在世界上享有盛誉。这种火腿的原料是当地特有的一种小猪，这种猪皮黑肉红，只以当地特产的一种果子作为饲料，而且养到两岁的时候就宰杀，保证了肉质的鲜嫩。然后加入一些秘制调料，经过多道工序后就制成了广受欢迎的伊比利亚火腿。这种火腿味道鲜美，香气扑鼻，是很多西班牙菜肴中必不可少的部分。在西班牙，火腿按照质量的不同被分成好多级，按照等级的不同价钱也有很大的差异，适合各种不同需求的人。

④ 流行服饰

西班牙一直都位于世界流行业界的前列，其品牌和服饰式样在世界上有口皆碑。西班牙服装设计师的实力也被时尚业界所承认，创造了不少很有竞争力的品牌。其中ZARA是西班牙最著名的流行服装品牌，自1975年创办以来，这个品牌在全球41个国家开办有1340多家店面，具有广泛的大众影响力。ZARA的经营范围包含男装、女装和童装，在竞争激烈的业界占据了一席之地。此外，西班牙还诞生了LOEWE、CARAMELO、TINTORETTO等国人耳熟能详的知名时尚品牌。

⑤ 金银饰品

金银饰品也是西班牙的传统特产，尤其是在中部城市托莱多，还保留着最传统的金银制作工艺，他们将金银丝镶嵌在银盘、枪把等地方。这项工艺曾经是西班牙王公贵族们的最爱，在博物馆所展示的中世纪遗留下来的文物中，总能见到这种金银镶嵌工艺制作出来的工艺品。如今在托莱多，人们将这种金银镶嵌技术广泛地运用到耳环、胸针、手镯等饰品上，深受世界各地女性游客的欢迎。在西班牙各大城市的百货商店中都能见到出售这些漂亮金银饰品的专柜。

⑥ 彩绘陶瓷

彩绘陶瓷是西班牙南部最著名的特产，尤其是在安达卢西亚自治区和瓦伦西亚自治区，都有极具特色的彩绘陶瓷制品。这些彩绘陶瓷广泛地运用在人们的日常用品、餐具、灯具等多方面，而且随着城市的不同，其上面的花纹也各有特点。比如在塞维利亚就多以彩绘为主，到了格拉纳达就以青蓝两色的绘画为主了。这些彩绘陶瓷器皿都带有浓郁的西班牙南部风情，造型奔放，色彩热烈，很多来西班牙的游客因为买这些陶瓷器皿常常导致行李超重，这也是一道有趣的风景线。

⑦ 皮革制品

　　西班牙的皮革制品在世界上也是享有盛名的，在西班牙经营皮革制品的有大大小小近2000家企业，所涉猎的范围也很广，包括皮鞋、皮箱、皮衣、皮质饰品等。西班牙的制皮技术源远流长，比如古城科尔多瓦就素以百年传承的印花皮革和鞣制皮革而闻名。如今，西班牙皮革制品中最著名的还是皮鞋，西班牙出产的皮鞋要比欧洲其他国家的便宜很多，尤其是沿海城市阿利坎特，这里拥有大量的皮鞋厂，来这里买上一两双皮鞋是很多游客的必然选择。

⑧ 摩洛哥手工艺品

　　西班牙和北非国家摩洛哥仅有一海之隔，因此西班牙南部是最大的摩洛哥传统手工艺制品集散地。尤其是南部城市格拉纳达，这里汇集了来自摩洛哥的皮件、铜器、坐垫、地毯、吊灯、拖鞋、木雕等工艺品，它们物美价廉，带有浓郁的异国情调。这些工艺品的原料主要有胡桃木、玻璃、贝壳、陶瓷、青铜等，将摩洛哥人的心灵手巧发挥到了极致，制作出各种造型新奇、色彩鲜艳的制品。买回去无论是作为装饰，还是馈赠亲友都再合适不过了。

⑨ 斗牛士服装

　　斗牛运动是西班牙的国粹，斗牛士也为西班牙人所尊敬。在西班牙很多地方都能看到出售斗牛士服装的商店，这些斗牛士服装色彩鲜艳，有红色配金色和黑色的，也有桃红配鲜黄和黑色的，让人看了眼花缭乱。而且上面还带有金银镶嵌的小饰品，精美得就好像是一件工艺品一般。这些服装大多价格不菲，最普通的也在10万元人民币以上，最贵的甚至超千万。如果只是为了好玩，买上一块红色的穆莱塔，普通人也能立马变身成帅气十足的斗牛士，随着激昂的音乐翩翩起舞。

⑩ 弗拉门戈舞衣

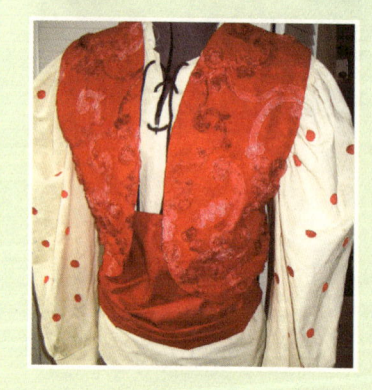

　　弗拉门戈舞是西班牙引以为豪的国家标志，火辣热情的舞姿和扣人心弦的音乐是其最大的特点，而那色彩艳丽的豪华舞衣更是人们心仪的对象。弗拉门戈舞衣很多都以红色为主，跳起舞来就好像一团火焰在舞动一般，此外还有白色、绿色等多种色彩。其特色就在于巨大的裙摆，人们跳舞的时候都会手持裙摆左右晃动，鲜艳的色彩在人们眼中舞动，那种魅力无法用语言形容。不管你是否对弗拉门戈舞感兴趣，买上一件这样的舞衣，即使是作为装饰也是物超所值。

速度吃西班牙!

SPAIN HOW

西班牙推荐

10大人气魅力平民餐馆

1 火腿博物馆

火腿博物馆虽然名为博物馆，却是一家在马德里开有多家分店的餐厅，除了闻名世界的西班牙特产伊比利亚火腿，这里也可品尝蒜味虾、西班牙蛋饼、炸花枝等菜肴。

3 波丁餐厅

1725年开业的波丁餐厅是全世界历史最悠久的餐厅之一，位于马德里马约尔广场附近，餐厅内的陈设古色古香。参观之余，可品尝烤乳猪等美味的招牌菜。

2 Casa Ciriaco

创立于1916年的Casa Ciriaco提供口味醇正的卡斯蒂利亚菜肴，光顾马德里这家店的客人中不乏运动员、艺术家、斗牛士、政治家，甚至王室人员，餐厅的招牌菜Pepitoria de Gallina更是颇受欢迎。

4 Fresc Co

作为西班牙知名的连锁餐厅之一，Fresc Co以味美价廉而闻名，只要11欧元就可品尝无限供应的比萨、肉类料理、海鲜饭、酒水和冰激凌、水果等美味佳肴。

039

5 Cerveceria Bar Atocha

在格拉纳达，毗邻卡洛斯五世广场的Cerveceria Bar Atocha提供味美价廉的每日套餐，9欧元就可饱餐一顿，临走前还会有一杯赠送的甜酒。

6 Cafeteria Estoril

Cafeteria Estoril毗邻索菲亚王妃艺术中心，店内空间不大，天气晴朗的时候店主人会在店外摆放桌椅，可在这里品尝各种沙拉、鱼或肉类料理，感受马德里街头的悠闲风情。

7 Casa Mingo

位于马德里、创立于1888年的Casa Mingo餐厅内空间宽敞，可品尝各种炖牛肚、火腿、奶酪、西班牙蛋饼等日常美食，而店内鲜嫩可口的烤鸡更是不可错过的美味。

8 卡尔贝餐厅

开业于1944年的卡尔贝餐厅以经营地道的西班牙地中海料理而闻名，游人在观光之余可以坐在店内享受美味的菜肴。

9 4只猫餐厅

4只猫餐厅是一家在巴塞罗那家喻户晓的餐厅，毕加索年轻时是这家店的常客，现今店内菜单依旧是毕加索亲自设计的，吸引了众多游客光顾。

10 La Quinze Nits

位于巴塞罗那皇家广场的La Quinze Nits是兰布拉斯大街上最热门的餐厅，每天开门前都会有无数食客在店外排队，可品尝地道的地中海海鲜料理。

速度游西班牙！

SPAIN HOW

西班牙推荐

5天4夜计划书

DAY 1

💛 **清晨** 到达马德里

上午 马德里

马德里作为西班牙的首都，是大部分中国游客来到西班牙的第一站，在马德里街巷中随处可以看到历史悠久的古老建筑，西班牙王宫、王室赤足女子修道院、王室化身女子修道院、普拉多美术馆、索菲亚王妃艺术中心等，无一不是凝聚了西班牙不同年代艺术精华与历史的建筑瑰宝。

下午 圣地亚哥·贝尔纳乌体育场

圣地亚哥·贝尔纳乌体育场可容纳8万名球迷，是皇家马德里队的主场，在这里可以欣赏无数星光闪耀的足球巨星的表演，亲身感受激情四溢的西班牙足球豪门盛宴。

041

DAY 2

白天 托莱多 → 阿维拉

位于马德里西南的托莱多曾经是古代西班牙的首都，城中随处可以看到中世纪的建筑，其中宏伟的托莱多大教堂是西班牙教区规模最大的一座教堂。位于西班牙中部高原的阿维拉近千年前是西班牙天主教国家和摩尔人对抗的桥头堡，而今这座古老的城镇以保存完好的古城墙和塔楼、教堂等建筑营造出浓郁的中世纪风情。

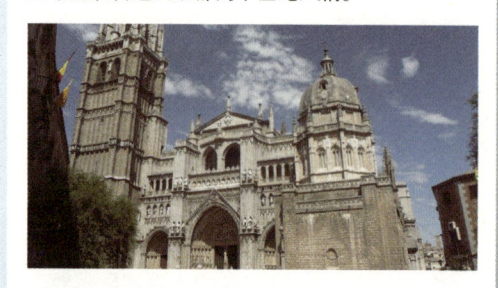

晚上 马德里卡斯蒂利亚大街

卡斯蒂利亚大街建于18世纪，在外观光一天后回到马德里，可在沿街两侧灯火辉煌的卡斯蒂利亚大街体验马德里的夜生活。

DAY 3

白天 巴塞罗那

巴塞罗那是西班牙东北部加泰罗尼亚自治区的首府，这座历史悠久的海港城市在中世纪曾经掌控地中海的海上贸易，无数富裕的商人选择在这里居住，现今依旧可以在古老的街巷中看到那些当年富商的豪宅。以高迪为代表的现代主义建筑是巴塞罗那城市风光的另一面，宏伟的圣家族大教堂、梦幻的米拉之家、不和谐建筑群等无不充满浓郁的艺术气息，也带给巴塞罗那这座城市独特的标记。

晚上 兰布拉斯大街

兰布拉斯大街是巴塞罗那著名的街头表演艺术圣地，繁华的兰布拉斯大街两侧还有大量商家和餐馆，即使夜幕降临也是人流熙攘。

DAY 4

白天 科尔多瓦 → 塞维利亚

曾经在古罗马帝国时代作为西班牙首都的科尔多瓦历史悠久，而今的科尔多瓦依旧拥有大量伊斯兰风格的建筑，是一座充满异域风情的城市。毗邻科尔多瓦不远的塞维利亚以炽热的阳光和充满异域风情的古建筑而闻名，作为弗拉门戈舞的发源地，塞维利亚永远洋溢着激情与活力。

晚上 Los Gallos

发源于塞维利亚的弗拉门戈舞世界闻名，Los Gallos地处历史悠久的塞维利亚圣十字区内，经常有弗拉门戈舞明星的演出，吸引了来自世界各地的游人伴随着激情四溢的舞曲欢呼。

DAY 5

白天 瓦伦西亚 → 马略卡

地处西班牙东南部的瓦伦西亚是西班牙第三大城市，这座拥有孤苦圣母教堂、大教堂、丝绸交易中心等古迹的城市每年都会因F1大赛和闻名世界的火祭、番茄大战等节日而点燃全城人的激情。位于瓦伦西亚以东地中海的马略卡岛风景优美，自古以来就是欧洲知名的度假胜地，音乐家肖邦、女作家乔治·桑、艺术家米罗等名人都曾在岛上留下足迹。

晚上

前往巴塞罗那普拉特国际机场，起程踏上归途。

西班牙推荐

西班牙
攻略HOW

Part.1
马德里·太阳门广场

地处马德里市中心的太阳门广场向四周辐射出十条大街,好像太阳放射的光线一般,是马德里的标志性景点,见证了这座古城历史上的无数重大事件。

西班牙攻略

马德里·太阳门广场

马德里·太阳门广场 特别看点！

第1名！
太阳门广场！
100分！
★马德里的标志之一，马德里公路的起点！

第2名！
格兰维亚大道！
90分！
★马德里最著名的购物街区之一，欣赏沿街伊比利亚风情建筑！

第3名！
王室赤足女子修道院！
75分！
★西班牙王室宗教建筑，精美的宗教艺术品收藏！

01 太阳门广场 （100分！）
马德里的标志之一 ★★★★★ 赏

Tips
- Plaza de la Puerta del Sol, 14, 28013 Madrid, España
- 乘地铁1、2、3号线在Sol站下
- 91-5225126

太阳门广场位于马德里的中心部分，以这里为中心，向四周辐射出十条大街，好像太阳放射的光线一般。在广场中心有一座花坛，花坛里矗立着马德里的城市标志：一只攀附在树上的棕熊铜塑。在广场东侧有一座太阳门遗址，这里原本是马德里的东门，于1570年拆毁，但是遗址一直被西班牙人所铭记。太阳门广场是马德里的标志，既见证了无数历史事件，又是人们休闲和娱乐的好去处。

必玩 01	**0公里地砖**
	马德里公路的起点

在太阳门广场中央有一块斑驳的半圆形地砖,看上去平凡无奇,但是这块砖却是马德里大部分街道的起点,上面写着"辐射状公路的起点",也就是0公里标志点。每个来太阳门广场的游客都会到这块砖前拍照留念。

必玩 02	**跨年倒计时活动**
	传统的迎新年活动

跨年倒计时活动在西班牙就好像是中国春晚一样的必备节目,每年的12月31日,人们都会聚集在太阳门广场的大钟楼前,聆听上面的四面大钟在新年交错之际鸣响,然后焰火和欢呼声四处响起,热闹程度非同一般。

西班牙攻略

马德里·太阳门广场

02 西班牙剧院

西班牙戏剧的鼻祖 ★★★★★ 娱

> **Tips**
> 🚇 乘地铁1、2、3号线在Sol站下

西班牙剧院可以说是西班牙戏剧的鼻祖，早在1583年，这里还被称为王子戏剧场，当时上演了西班牙最早的戏剧作品。随着时间的推移，这里在1849年被重修后命名为西班牙剧院，如今依然是马德里最重要的戏剧演出场所，经常上演劳佩·德·韦加、卡尔德龙·德·拉·巴尔卡、缇尔索·德·莫里纳、贝纳文特、米胡拉等剧作家的作品。

03 格兰维亚大道 90分!

马德里最著名的购物街区之一 ★★★★★ 逛

> **Tips**
> 📍 Gran Via 🚇 乘地铁3、5号线在Plaza del Callao站下

格兰维亚大道是马德里最主要的一条干道，同时也是马德里最著名的购物街区之一。这条街两侧随处都能看到充满伊比利亚风情的传统建筑，每座建筑都拥有华丽的外观、精致的柱廊和临街的阳台，其中都会大楼、雪茄博物馆、加里西亚斗牛士小礼拜堂等都是这里著名的建筑，马德里第一座摩天大楼也位于这条大道之上。

必玩 ★ 西班牙国家电信总局
马德里第一座摩天大楼

位于格兰维亚大道上的西班牙国家电信总局大楼完工于1929年，这是马德里第一座摩天大楼。这座大楼高90米，是格兰维亚大道上最高的建筑，至今依然是马德里电信总局的办公所在地。

04 La Violeta
品味香浓的紫罗兰糖 ★★★★★ 买

Tips
Plaza de Canalejas 6　91-5225522
91-5225126

La Violeta是马德里一家著名的购物商店，这里专门出售一种马德里的特产：紫罗兰糖。这家店至今已经有100多年的历史，虽然店面很小，但是经常门口排起长龙，无数来自世界各地的顾客对这里的糖追捧不已。这里出产的紫罗兰糖虽然味道不是很甜，但是具有浓浓的花香味，即使是糖果融化很久以后都不会散去，让人回味无穷，是到马德里来最好的纪念品了。

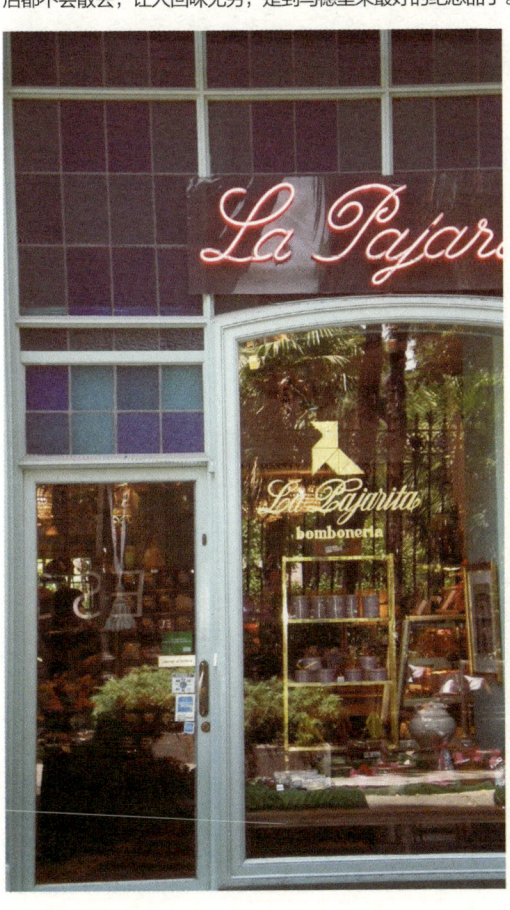

西班牙攻略　马德里·太阳门广场

049

05 卡耀广场

马德里电影院最多的广场

Tips
🚇 Plaza del Callao 🚇 乘地铁3、5号线在Plaza del Callao站下

卡耀广场是马德里人最青睐的广场之一，这座广场是以西班牙历史上著名的卡耀战争而命名的。在广场周围林立着各种商店、电影院、酒吧等娱乐场所，尤其是电影院最为丰富，在这片不大的区域内就拥有6家设施先进的电影院。每到晚上，能看见很多情侣来到这里约会，将广场笼罩在一种浪漫的氛围之内。

06 王室赤足女子修道院

75分!

西班牙王室宗教建筑

Tips
🚇 Plaza de las Descalzas 3 🚇 乘地铁1、2、3号线在Sol站下 ☎ 1-4548800 💰 5欧元

王室赤足女子修道院修建于16世纪的哈布斯堡王朝时期，是当时西班牙王室宗教建筑的代表作品。环绕着修道院，有礼拜堂、王室阶梯、阳台等精美建筑，而在修道院内的天花板及墙壁上都有精美的壁画做装饰。这里曾经有众多的哈布斯堡家族的人在此隐居，因此收藏着很多王室收藏的极贵重的绘画、织锦画、宗教雕像、圣物及其他物品。

07 跳蚤市场

● ● ● 物美价廉的淘宝圣地　★★★★ 逛

Tips
🏠 Calle de la Ribera de Curtidores　🚇 乘地铁5号线在La Latina站下

　　马德里的跳蚤市场可以说是全西班牙规模最大的跳蚤市场，据说至今已经有500多年的历史了，不过这市场只在周日才开放，平时是不开放的。走进跳蚤市场，会发现密密麻麻的商铺布满了多个街区，琳琅满目的商品让人眼花缭乱，一时不知道该从哪儿逛起。不管是历史悠久的古董还是皇家马德里球队的球衣在这里都能看到，只要用心去找总能淘到宝，这也就是无数人纷至沓来的原因。

08 圣费尔南多皇家美术学院

● ● ● 诞生了无数西班牙艺术家的学院　★★★★★ 赏

Tips
🏠 Calle de Alcalá, 13, 28014 Madrid, España　🚇 乘地铁1、2、3号线在Sol站下　📞 96-3870300

　　圣费尔南多皇家美术学院是马德里最著名的美术学院，它坐落于太阳门广场附近，是一座18世纪的巴洛克风格建筑。在圣费尔南多皇家美术学院最著名的当数它的博物馆，这是马德里最好的美术馆之一，收藏着很多16~19世纪对西班牙艺术史产生过重要影响的画家们的画作，其中油画《春日》是这座博物馆的镇馆之宝。

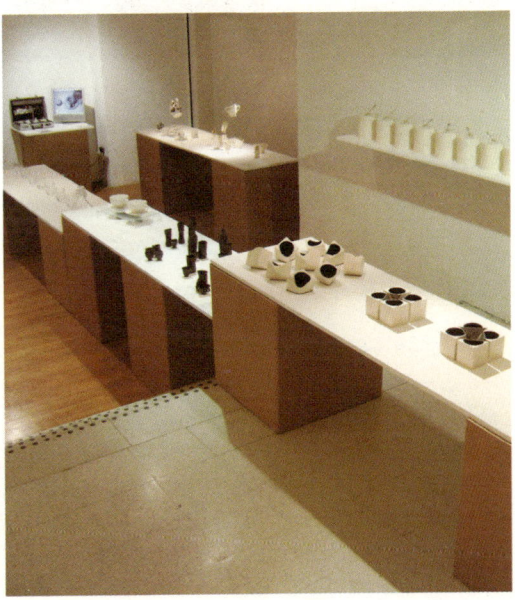

西班牙攻略

马德里·太阳门广场

09 火腿博物馆
品尝正宗的伊比利亚火腿 ★★★★ 买

伊比利亚火腿是西班牙最重要的特产之一，这种火腿历史悠久，做法独特，味道鲜美，在全世界都享有盛誉。而在马德里就有这么一家火腿博物馆，别以为这里真是一家博物馆，它实际上是一家出售伊比利亚火腿的连锁商店。人们在这里可以品尝到最正宗的用黑皮猪肉制成的火腿，同时还有很多用火腿制成的美味菜肴，在这里可以好好感受西班牙美食的精髓所在。

Tips
🏠 Calle Gran Vía, 72, 28013 Madrid, España 🚇 乘地铁3、10号线在Plaza de España站下 ☎ 91-5412023

10 马德里主广场
街头艺人展示艺术才情的好地方 ★★★★★ 逛

Tips
🏠 Plaza Mayor, 3, 28012 Madrid, España 🚇 乘地铁1、2、3号线在Sol站下 ☎ 91-5881636

马德里主广场位于马德里旧城区的中心地带，建于1619年，并在国王菲利普三世在位期间形成了现在的规模。围绕着广场中心的菲利普三世骑马像，四周完整地保留了17世纪的传统建筑群落，并通过九个出口连通各个街区。如今这里是商店林立、充满露天咖啡厅以及餐厅的休闲胜地，也是各种街头艺人展示艺术才情的绝佳地点。

必玩 01 菲利普三世雕像
建设主广场的国王的雕像

菲利普三世雕像是马德里主广场的标志，正是在菲利普三世在位期间，主广场才得到了极大的发展，形成现在的规模。这座雕像正位于马德里主广场的中央，完全由铜铸成。菲利普三世骑着骏马，目视远方，表情生动。旁边还有一座喷泉，和铜像交相辉映。

必玩 02 广场周边小酒馆
供人们小酌休息的酒馆

在马德里主广场周围有很多小店，其中就包括不少小酒馆，甚至还有不少露天的酒馆。马德里人就喜欢坐在这些小酒馆中，一边举杯小酌，一边看着广场上人来人往。这种悠闲的氛围很容易感染人，不知不觉自己也会加入他们的行列中。

11 圣伊西德罗大教堂
祭祀马德里守护神的教堂 ★★★★★ 赏

Tips
- Calle de Toledo, 37, 28005 Madrid, España
- 乘地铁1号线在Tirso de Molina站下
- 91-3692037

圣伊西德罗被认为是马德里的守护神，每年都有专门为了祭祀他而举行的圣伊西德罗节，这也是马德里最重要的节日之一。因此这座圣伊西德罗大教堂在马德里也就具有了极为重要的意义，这座位于主广场附近的教堂建于17世纪，外观呈巴洛克风格，左右各有一座直耸入云的塔楼，十分引人注目。在教堂内保存着据说永不腐烂的圣伊西德罗的遗骨，这也是这里最重要的圣物之一。

西班牙攻略 马德里·太阳门广场

西班牙
攻略HOW

Part.2
马德里·普拉多美术馆

建于18世纪的普拉多美术馆是西班牙收藏绘画和雕塑作品最全面，也最权威的博物馆，馆内收藏了超过3万件绘画和雕刻艺术品,被誉为全世界最好的美术馆之一!

马德里·普拉多美术馆 特别看点！

西班牙攻略

马德里·普拉多美术馆

第1名！
普拉多美术馆！
100分！ 
★ 世界上最好的美术馆之一，最全面的西班牙艺术品收藏！

第2名！
索菲亚王妃艺术中心！
90分！ 
★ 收藏各种近代绘画艺术作品，马德里最著名的美术馆之一！

第3名！
独立广场！ 
75分！
★ 马德里的标志性广场之一，欣赏马德里古城门！

---

01 普拉多美术馆 (100分!) 赏
世界上最好的美术馆之一

Tips
- Calle de Ruiz de Alarcón, 23, 28014 Madrid, España
- 乘地铁2号线在Banco de España站下
- 91-3302800
- 6欧元

　　建于18世纪的普拉多美术馆被誉为世界上最好的美术馆之一，它是整个西班牙收藏绘画和雕塑作品最全面，也最权威的地方。虽然曾经多次遭受兵祸之苦，但是至今依然在世界艺术界拥有极高的地位。在这家博物馆内收藏了3万多件藏品，虽然比起卢浮宫这种大博物馆来说仅仅是九牛一毛，但是这些艺术品都是稀世珍品，其中尤以提香、博斯、鲁本斯等巨匠以及西班牙的三大画家埃尔·格雷科、委拉斯盖兹和戈雅的作品最为全面。

056

必玩 01 早期西班牙画作
西班牙绘画的奠基者

说起普拉多美术馆馆藏的早期西班牙与意大利的画作，就不能不提到埃尔·格雷科这位西班牙历史上重要的画家，正是他开创了早期西班牙绘画的风格，堪称西班牙画派的奠基者。在美术馆里就收藏了很多他的画作，让人们可以关注早期西班牙的绘画。

必玩 02 西班牙绘画
展示西班牙艺术史的黄金时期

普拉多美术馆的西班牙绘画收藏是世界上最全面的，从古时的塞维利亚、马德里、瓦伦西亚诸画派的作品，到近代最伟大的画家毕加索的画作，应有尽有，将整个西班牙艺术史上的黄金时期完整地展现了出来。

必玩 03 佛兰德斯与荷兰绘画
普拉多美术馆最重头的收藏

佛兰德斯与荷兰绘画在普拉多美术馆的收藏中也是一个重头。这里有佛兰德斯画派最伟大的画家鲁本斯和荷兰艺术巨匠伦勃朗等人的名作，其中鲁本斯所绘制的《三美神》更被认为是他最伟大的作品之一。

02 普拉多大道
●●● 马德里标志性的林荫大道   ★★★★★ 逛

Tips
🏠 Paseo del Prad　🚇 乘地铁2号线在Banco de España站下

普拉多大道北起锡贝莱斯广场，南到查理五世广场，是马德里重要的主干道之一，构成了南北纵贯马德里的中轴线的南端。这条大道两侧遍植树木，是马德里标志性的林荫大道。大道周围拥有普拉多美术馆、提森·波内米萨美术馆和索菲亚王妃艺术中心这三大艺术博物馆，被人称作"艺术金三角"。此外，马德里证券交易所和市议会也位于此处。

西班牙攻略　马德里·普拉多美术馆

057

03 阿托查火车站

马德里历史最悠久的火车站 ★★★★

Tips
🏠 Plaza del Emperador Carlos V　🚇 乘地铁1号线在Atocha站下　☎ 90-2240202

阿托查火车站是马德里历史最悠久的火车站，建成于1889年，提供开往葡萄牙和西班牙南部的火车旅行业务。这座火车站最著名的当数其400平方米的大厅，这处大厅是由著名的建筑师设计的，内部好似一片热带雨林，种植了很多热带植物，并且通过玻璃、金属和石块等材料构成了一个大型的温室，人们可以坐在这些植物之间，一边欣赏绿色景观，一边耐心地等待火车的到来。

04 索菲亚王妃艺术中心

收藏各种近代绘画艺术作品 90分! ★★★★★

Tips
🏠 Calle de Sant M9 a Isabel, 52, 28012 Madrid, España　🚇 乘地铁1号线在Atocha站下　☎ 91-7741000　¥ 3欧元

索菲亚王妃艺术中心也是马德里最著名的美术馆之一，这里主要收藏了西班牙近代绘画艺术的代表作。这座艺术馆以西班牙王妃索菲亚的名字命名，造型好像一座宏伟的王宫。艺术中心共分两层，收藏了包括毕加索、达利、米罗、胡安·古里斯以及达比埃斯等艺术大师的作品。其中二楼陈列着毕加索最著名的《格尔尼卡》，是这里的镇馆之宝。

05 提森·波内米萨美术馆

马德里艺术金三角之一

Tips
🏠 Paseo del Prado, 8, 28014 Madrid, España 🚇 乘地铁2号线在Banco de España站下 ☎ 91-3690151 ¥ 6欧元

提森·波内米萨美术馆与普拉多美术馆和索菲亚王妃艺术中心并称为马德里美术馆的金三角。这里原本是著名的收藏家提森·波内米萨男爵父子的居所，后来被改造成美术馆。馆内采用了柔和的橘色作为主色调，这里的展品都是波内米萨男爵的毕生所藏，包括了从中世纪到文艺复兴时期再到20世纪前期各种画派的经典画作，让人赞叹不已。

06 丽池公园

马德里最著名的公园

Tips
🏠 Puerta de Alcalá, Plaza de la Independencia 🚇 乘地铁2号线在Retiro站下

丽池公园是马德里最著名的公园之一，这是在17世纪时国王菲利普四世下令建造的。这座公园以广阔的绿化植被而闻名，整座公园内种植了超过15000株各色树木，一年四季都有各自的色彩。为了满足王公贵族们在这里娱乐的需要，公园内建造了水晶宫和委拉斯盖兹宫等建筑，如今这些地方都成了各种主题的展览厅。

西班牙攻略 马德里·普拉多美术馆

059

07 皇家植物园

和大自然亲密接触 ★★★★ 玩

Tips
- Plaza de Murillo, 2, 28014 Madrid, España
- 乘地铁1号线在Atocha站下　91-4203017

皇家植物园位于马德里主广场附近，占地8万平方米，和著名的普拉多美术馆相邻。这座植物园是在1755年由当时的国王费尔南多六世下令建造的。皇家植物园融种植、陈列和教学于一身，人们在这里不但能看到来自世界各地的植物，还能学习到很多植物学知识。如今这里主要有三个室外园区和两个温室，大约3万株植物和花卉。人们可以在这里与大自然亲密接触；享受自然之乐。

08 军事博物馆

西班牙军事史的百科全书 ★★★★ 赏

Tips
- Calle de Méndez Núñez, 1, 28014 Madrid　乘地铁2号线在Banco de España站下
- 91-5228977

军事博物馆原本是一处宫殿的遗址，后来改建为博物馆。这里的藏品范围涵盖了西班牙从古至今军事的各个方面，包括过去西班牙军队所使用的武器、制服、文件、旗帜等物品，还有描绘历史上军事故事的绘画及雕刻品等，总数在27000件左右。通过这些藏品可以对西班牙的军事史有一个大致的了解，是军事迷们不可错过的地方。

09 皇家圣杰若尼姆教堂

伊斯坦布尔哥特式的精美教堂 ★★★★ 赏

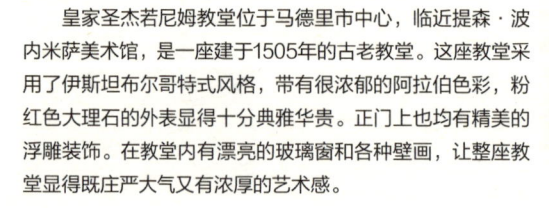

皇家圣杰若尼姆教堂位于马德里市中心，临近提森·波内米萨美术馆，是一座建于1505年的古老教堂。这座教堂采用了伊斯坦布尔哥特式风格，带有很浓郁的阿拉伯色彩，粉红色大理石的外表显得十分典雅华贵。正门上也均有精美的浮雕装饰。在教堂内有漂亮的玻璃窗和各种壁画，让整座教堂显得既庄严大气又有浓厚的艺术感。

Tips
- C/ MORETO, 4, 28014 Madrid　乘地铁2号线在Banco de España站下　91-4203578

西班牙攻略　马德里·普拉多美术馆

060

10 国立装饰艺术博物馆

收藏各种装饰艺术品的博物馆

Tips

C/ MONTALBáN, 12, 28014 Madrid　乘地铁2号线在Retiro站下　91-5326499

　　国立装饰艺术博物馆是一家以收藏各种装饰艺术品为主的博物馆，这里主要陈列有15～19世纪的各种家具和装饰品，将各种艺术风格的装饰物的发展和演变展现给观众。其中造型多样华贵的桌椅、橱柜等都展现着古代贵族奢华的生活，而那些各种艺术风格的装饰物更是体现了过去人们超凡的艺术感觉，对现代人在装饰上也有很大的启发。

西班牙攻略

马德里·普拉多美术馆

061

11 丰收女神广场

● ● ● 和皇家马德里队紧密联系的广场

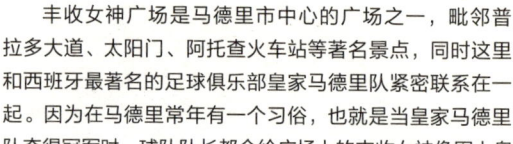

丰收女神广场是马德里市中心的广场之一，毗邻普拉多大道、太阳门、阿托查火车站等著名景点，同时这里和西班牙最著名的足球俱乐部皇家马德里队紧密联系在一起。因为在马德里常年有一个习俗，也就是当皇家马德里队夺得冠军时，球队队长都会给广场上的丰收女神像围上皇马的围巾。

Tips
- Calle de Belén, 9, 28004 Madrid, España
- 乘地铁2号线在Banco de España站下

12 独立广场 75分!

马德里的标志广场之一

Tips
🏛 Puerta de Alcalá Madrid, España   🚇 乘地铁2号线在Retiro站下

独立广场是一座可以被称为马德里标志的广场，这座广场建于1869年，当时人们拆毁了这里的一段城墙，围绕原有的城门阿卡拉门，建成了这座广场。如今广场周围多为19～20世纪的近代建筑物所围绕，从这里可以连接市内多条干道，可以前往丽池公园等知名的景点，是马德里人最常聚集的广场之一。

阿卡拉门

马德里的古城门

矗立在独立广场上的阿卡拉门是西班牙硕果仅存的几座古城门之一，这座门采用了罗马凯旋门的式样，共有5个门洞，其中3个为半圆拱门，2个是平顶门，上面满是精美绝伦的浮雕，堪称一件绝世建筑巨作。

西班牙攻略　马德里·普拉多美术馆

063

西班牙
攻略HOW

Part.3
马德里·王宫

纯白色的马德里王宫建于西班牙鼎盛时期,是一幢外观华美的宫殿,历代西班牙王室和统治者均选择在这里居住,如今则是西班牙王室招待外宾和举办各种典礼活动的场所。

马德里·王宫 特别看点！

西班牙攻略

马德里·王宫

第1名！
王宫！
100分！

第2名！
东方广场！
90分！

第3名！
西班牙广场！
75分！

★ 西班牙王室的宫殿，华美的纯白色宫殿！

★ 历史悠久的广场，马德里最令人瞩目的景点之一！

★ 纪念堂吉诃德的广场，马德里的热门景点！

01 王宫 100分！
西班牙王室曾经的宫殿 ★★★★★ 赏

Tips
- Calle Bailen s/n
- 乘地铁2、5、R号线在Opera站下
- 91-4548800
- 8欧元

外观为纯白色的马德里王宫是一幢结合巴洛克风格与新古典主义风格的宫殿，是西班牙王室鼎盛时期的建筑。马德里王宫的前身是摩尔人修建的军事要塞，卡斯蒂利亚国王将其收回后，一直到1931年阿方索十二世流亡法国为止，都是作为历代王室和神圣罗马帝国皇帝的王宫使用。如今，西班牙国王选择居住在马德里郊外的行宫，将王宫作为招待外宾和举办各种典礼活动的场所。

必玩 ★ 宝座厅
西班牙国王接见宾客的殿堂

宝座厅是西班牙国王接见重要来宾的殿堂，殿堂内装饰的水晶吊灯出自威尼斯的工匠之手。当年签订西班牙加入欧共体的仪式就是在这里举行。

02 摩尔人广场花园
欣赏西班牙王宫美景的好地方 ★★★★ 赏

位于曼萨纳雷斯河畔的摩尔人广场花园是一个风景秀丽的城市公园，这里绿草如茵，林木茂密，清新空气中弥漫着淡淡的花香。漫步在这里的游人不但可以感受到悠闲氛围，还能将西班牙王宫的诸般美景尽收眼底。摩尔人广场花园里有上演精彩剧目的户外剧场，也有喷洒出清凉气息的喷泉。

Tips
🏠 Paseo Virgen dle Puerto, 28005 Madrid, España 🚇 乘地铁6号线在Principe Pio站下
☎ 91-5420059

03 东方广场 (90分!)
历史悠久的广场 ★★★★★ 逛

Tips
🏠 Plaza de Oriente, Madrid, España 🚇 乘地铁2、5号线在Opera站下

东方广场是马德里著名的旅游景点之一，它建筑于16世纪末，用了20多年才正式展现在世人面前。广场的中央处是原本位于王宫屋顶的西班牙国王菲利普四世的雕像，它被周围其他时代的国王雕像所环绕，用于彰显他的丰功伟绩。

西班牙攻略　马德里·王宫

067

必玩 01 菲利普四世骑马塑像
英姿勃发的雕像

菲利普四世骑马塑像是东方广场上的标志性景点，它位于广场喷泉的上方，身着戎装的菲利普四世骑在前蹄跃起的马背上，左手握缰绳，右手执权杖，给人威风凛凛的感觉。

必玩 02 皇家剧院
赫赫有名的剧院

皇家剧院是西班牙众多剧院中相当有名的一个，它建于伊莎贝尔二世女王统治时期，并进行过大规模的现代化改造，内部装饰豪华，音响效果很好，是欣赏各种艺术表演的好去处。

04 阿穆德纳圣母大教堂
大名鼎鼎的教堂　　★★★★★ 赏

Tips
- Calle de Bailén, 8, 28005 Madrid, España
- 乘地铁2、5号线在Opera站下　91-5422200

阿穆德纳圣母大教堂是马德里的重要宗教建筑之一，主体风格为哥特式，虽然始建于19世纪80年代，但直到20世纪末才彻底竣工。这座教堂的使用时间虽然不长，但因它坐落在古罗马时期的城墙上，让人颇有些思今怀古的情绪。阿穆德纳圣母大教堂气势雄伟，各处装饰精美，殿堂内部充满着圣洁的气息。

05 圣尼古拉斯教堂
马德里的著名旅游景点　　★★★★ 赏

Tips
- Plaza San Nicolás, 1, 28013 Madrid
- 91-5594064

圣尼古拉斯教堂是一座建于中世纪的古老教堂，是马德里历史最为悠久的建筑物之一。这座教堂气势雄伟，殿堂内部的装饰也很精美，高大的玻璃彩窗吸引着游人的目光，那座宏伟的彩色雪花石膏祭坛雕塑则是西班牙的国宝级文物。

06 市政厅广场
举行各种活动的广场　　★★★★★ 逛

Tips
- Plaza de la Villa, 5, 28005 Madrid, España
- 乘地铁2、5号线在Opera站下　91-5882900

市政厅广场因为靠近马德里市政厅而得名，因此是这座城市重要的市政广场。这座广场四周的建筑物众多，位于中心处的则是菲利普二世国王统治时期的海军名将巴桑的雕像，东侧的卢哈内斯塔楼是马德里现存的民用建筑中最为古老的一座。

西班牙攻略　马德里·王宫

07 塞拉尔伯美术馆

令人惊艳的美术馆

★★★★ 赏

Tips
- Calle Ventura Rodriguez 17
- 乘地铁3、10号线在Plaza de España站下
- 91-5473646
- ¥ 3欧元

塞拉尔伯美术馆前身是一幢19世纪的私人豪宅，其房主塞拉尔伯爵是一位文学家、政治家和旅行家，一生热爱收藏旅途中遇到的各种新奇物品，并在过世后将其全部捐赠给国家，在塞拉尔伯美术馆内展示有伯爵一生收藏的盔甲、武器、烟斗、手表、时钟、绘画等藏品，是一处令人惊艳的美术馆。

08 王室化身女子修道院

贵族女性的修道院

★★★★ 赏

Tips
- Plaza de la Encarnación, 1, 28013 Madrid, España
- 乘地铁2、5号线在Opera站下
- 91-4548800

王室化身女子修道院兴建于1611年，是由菲利普三世的王后玛格丽特所创立的，长期以来一直是西班牙的贵族女性修行避世的地方。这座建筑的造型采用当时流行的巴洛克风格，十分精美，各处装饰也极为豪华，令人赞叹不已。修道院里还有很多珍贵的艺术品可供游人欣赏。

09 萨巴蒂尼花园

西班牙王室的"御花园"

★★★★★ 玩

Tips
- Jardines de Sabatini, Cuesta de San Vicente, 16, 28008 Madrid, España
- 乘地铁2、5、R号线在Opera站下

萨巴蒂尼花园是以意大利著名建筑师萨巴蒂尼的名字来命名的，因为他为马德里设计了阿尔卡拉凯旋门等众多著名建筑和纪念物。这座花园建于20世纪30年代，园内的景物众多，那些呈几何形状的黄杨树篱与附近的水池相互呼应，有着独特的美感。萨巴蒂尼花园里还有众多人物雕像，其中最著名的当数卡洛斯三世国王的雕像。

10 德波神庙
★★★★ 赏
马德里的埃及神殿

Tips
📍 Jardines del Templo de Debod, Calle Ferraz 1 🚇 乘地铁3、10号线在Plaza de España站下 ☎ 91-3667415

毗邻西班牙广场不远的德波神庙是一座原址位于埃及阿斯旺大坝附近、祭祀古埃及女神Iεis的神庙，1968年埃及政府将这座神殿当做礼物赠送给西班牙政府，被移建至马德里后虽然有所改建，但依旧保留了古埃及神庙的风韵，是一处隐匿在马德里市中心、充满异域风情的古老神庙。

11 西班牙广场 （75分！）
★★★★★ 逛
纪念堂吉诃德的广场

Tips
📍 Plaza de España 🚇 乘地铁3、10号线在Plaza de España站下

西班牙广场建于19世纪，是由一座军营改建而来，现在则是马德里的热门旅游景点之一。广场上有塞万提斯不朽名作《堂吉诃德》的主人公堂吉诃德及其仆人桑丘的雕像，来到这里的游人都会与他们合影留念。西班牙广场周边还有不同时代的建筑，它们的独特风格让人赞叹不已。

必玩 01 塞万提斯纪念碑
纪念一代文豪的纪念碑

塞万提斯纪念碑是西班牙广场上的主要景点之一，它立于大文学家塞万提斯诞生300周年之际，是一座高大的方尖碑，其顶部是大师本人的坐像。

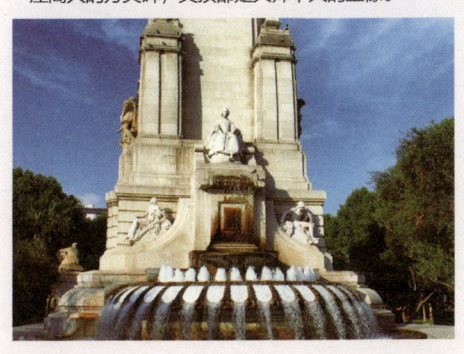

必玩 02 西班牙大厦
百米高的摩天大楼

位于西班牙广场右侧的西班牙大厦高117米，是马德里最早兴建的摩天大楼之一，如今已成为西班牙广场的标志性建筑。

西班牙攻略　马德里·王宫

071

西班牙
攻略HOW

Part.4
马德里其他

马德里其他 特别看点！

西班牙攻略 马德里其他

第1名！
凡达斯纪念斗牛场！
100分！
★ 欣赏西班牙的国粹，精彩刺激的斗牛表演！ 

第2名！
埃斯科里亚宫！
90分！ 
★ 大理石打造的宏伟宫殿，西班牙最伟大的建筑！

第3名！
圣地亚哥·贝尔纳乌体育场！
75分！ 
★ 西班牙足球的梦工场，欧洲足球的圣殿！

01 圣安东尼奥-德佛罗里达礼拜堂
欣赏大画家戈雅的画作

Tips
Glorieta de San Anotonio de la Florida 5　91-5420722

圣安东尼奥-德佛罗里达礼拜堂造型古朴而典雅，黄色的外墙并没有太多的装饰。但是一走进教堂，就会被四周环绕的精美壁画所震撼。这里的壁画都出自绘画大师戈雅之手，其中大部分都是戈雅最著名的画作，如《圣安东尼奥的礼拜》等，戈雅本人也被安葬在这里，至今还能看到戈雅的墓地。

02 塞拉诺街
马德里最时尚的地方

Tips
Calle de Serrano, Madrid, España 乘地铁4号线在Colon站下

塞拉诺街堪称马德里最时尚的地方，这条横跨了十几个街区的大街周边满是各种知名品牌的商店，其中大多数都来自西班牙本土，是西班牙这个时尚之国的真实写照。在这里拥有很多宛如迷宫一般的小街区，里面有很多小服装店、礼品店、家具店、装饰品店等，这些店里卖的东西物美价廉，只要多逛逛，总能淘到宝。

拉查罗·加迪亚诺美术馆
私人收藏家的丰富收藏

拉查罗·加迪亚诺美术馆位于塞拉诺街北侧，这是美术收藏家拉查罗·加迪亚诺的宅第，这里有他一生的丰富收藏，其中包括从中世纪到近代的欧洲各流派的绘画和雕塑，对于私人收藏家来说，能有这么多的收藏确实难能可贵。

075

03 圣地亚哥·贝尔纳乌体育场 75分!

● ● ● 西班牙足球的梦工场 ★★★★★ 娱

人们通常都将圣地亚哥·贝尔纳乌体育场称为"梦工场",这座可以容纳8万多人的巨大球场因为皇家马德里队而兴旺,皇马也因为这座球场而辉煌,在这里曾经有斯蒂法诺、普斯卡什、罗纳尔多、齐达内、贝克汉姆、劳尔等巨星展现他们的足球才华,曾经见证过皇马一次次的捧杯时刻,也创造出一个又一个伟大的奇迹,堪称欧洲足球的中心。

Tips
Paseo de la Castellana, 144, 28046 Madrid, España 90-2291709

04 卡斯蒂利亚大街

● ● ● 马德里最长的大街 ★★★★ 逛

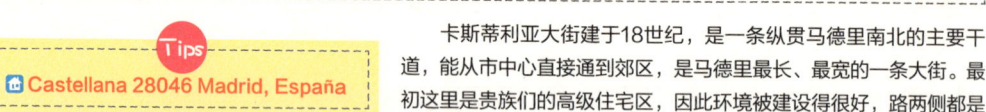

Tips
Castellana 28046 Madrid, España

卡斯蒂利亚大街建于18世纪,是一条纵贯马德里南北的主要干道,能从市中心直接通到郊区,是马德里最长、最宽的一条大街。最初这里是贵族们的高级住宅区,因此环境被建设得很好,路两侧都是高大的树木,还集聚了纪念碑、广场、雕塑、酒吧等设施,住在这里足以能轻松地享受城市生活。同时,这条大街还是出入城市的快速通道,更是连接城市各个景点的动脉,从这里可以通往太阳门等地方。

05 哥伦布广场

● ● ● 马德里最大的广场

Tips
- Plaza de Colon, 28010 Madrid, España
- 乘地铁4号线在Colon站下

哥伦布广场是马德里最大的广场之一，位于卡斯蒂利亚大街，以西班牙著名的航海家哥伦布的名字命名。因为正是哥伦布发现了美洲，才使得西班牙在15世纪正式步入了世界大国的行列。因此在广场中央矗立着高大的哥伦布雕像，旁边还有船形的喷水池在不断地喷水。在广场地下还有广阔的空间，其中的巴塞罗那文化中心还有一幅哥伦布发现各地记有年代的大航海图。

06 凡达斯纪念斗牛场 (100分!)

● ● ● 西班牙的国粹

Tips
- Calle Alcala 237, Plaza de Toros
- 乘地铁2号线在Ventas站下
- 90-2150025

斗牛是西班牙最风行的体育项目，以惊险刺激而闻名世界。每年3月就是西班牙斗牛季节的开始，每到周末都会有好几场斗牛表演。能容纳32000名观众的凡达斯纪念斗牛场就位于马德里东北郊外，外形接近罗马圆形竞技场，外墙使用鲜艳的红色作为装饰，和斗牛士们所用的穆莱塔是一个色彩。在大门外立有两位著名斗牛士Bienvenida和Cubero的塑像。在斗牛场的一侧还有一处斗牛博物馆，是人们了解斗牛这项运动历史的好去处。

西班牙攻略

马德里其他

077

07 美洲博物馆
展现古老美洲的历史

Tips
📍 Avenida de los Reyes Católicos, 6, 28040 Madrid, España ☎ 91-5439437 💴 3欧元

美洲的发现是西班牙航海家们前赴后继的最大成果之一，在这家美洲博物馆里就展出了在古老的美洲大陆发现的各种珍贵化石等文物。其中有史前时期的人类遗骨、各种古老动植物的化石等，还有很多美洲古老文明的产物，其中有一本玛雅药典最为珍贵，这本药典是手抄本，在全世界仅有三本，吸引了不少人前来参观。在这里可以充分了解美洲大陆的古老历史。

08 马德里国家考古博物馆
丰富的考古成就

Tips
📍 Calle de Serrano, 13, 28001 Madrid, España ☎ 91-5777912 💴 3欧元

马德里国家考古博物馆是马德里藏品最丰富的博物馆之一，这里主要收藏伊比利亚地区重要的考古文物，时间跨度从史前时代一直到文艺复兴时期，其中以阿尔塔米拉岩洞的野牛壁画和粗犷的旧石器时代岩画艺术等最为著名。此外，这里还收藏了来自古埃及的木乃伊、古罗马的教堂装饰艺术品、阿拉伯的古陶器等，种类十分丰富，很值得一看。在博物馆内还设有图书馆，可以供人们查阅资料。

09 索洛亚美术馆
著名画家索洛亚的画室和居所

Tips
Paseo del General Martínez Campos, 37, 28010 Madrid, España　乘地铁5号线在Ruben Dario站下　91-3101584

索洛亚美术馆是西班牙画家索洛亚曾经的居所和画室,这里充满了西班牙南部安达卢西亚地区的阳光和氛围,到处都种满了各种绿色植物,让人心旷神怡。美术馆内很多地方都保留了索洛亚当时生活的原貌,色彩鲜艳的瓷砖更是为这里增添了活力。在馆内陈列着索洛亚和他的朋友们的画作,他们的画风充满生机,被誉为阳光画派,艺术价值很高。

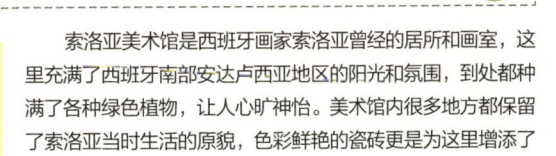

10 圣十字架烈士谷
纪念在内战中牺牲的将士

Tips
28209 San Lorenzo de El Escorial, España　乘660路公共汽车在烈士谷站下　91-8905611

圣十字架烈士谷位于马德里北郊的瓜达拉马山下,从老远就能看到这里高耸着的大十字架,这也是烈士谷的标志。这里到处都是茂密的松林,一片庄严肃穆的气氛,整座山被打造成一座巨大的教堂,山顶高达150米的十字架就是教堂顶端的十字架。这里是为了纪念西班牙内战时牺牲的4万将士而建的,每到特殊的纪念日,这里都会举行礼拜,来安抚这些为国捐躯的英灵。

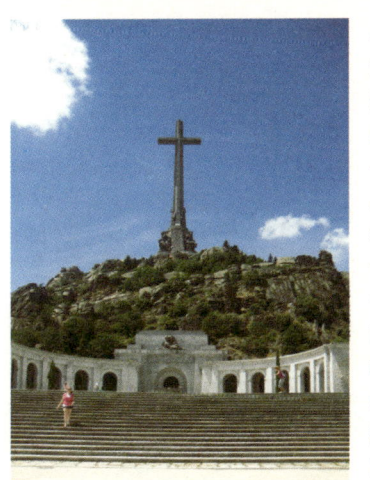

西班牙攻略　马德里其他

西班牙攻略

马德里其他

11 埃斯科里亚宫 90分

大理石打造的宏伟宫殿

★★★★★ 赏

Tips
- Juan de Borbon y Battemberg
- 乘火车或661、664路公共汽车可到
- 91-8905902

埃斯科里亚宫建于西班牙国王菲利普二世时期，完全是由大理石打造而成。这里不光是一座宫殿，它集修道院、教堂、王宫和陵墓于一身，其辉煌宏伟的程度令人叹为观止，堪称西班牙最伟大的建筑之一。这座长方形的宫殿由长长的走廊和无数的房间围成，四个角上还分别有一座高高的尖塔。王宫的中心则是圣洛伦佐皇家修道院，周围则是历史上多位西班牙国王的墓地。

必玩 01 修道院
埃斯科里亚宫最漂亮的建筑

圣洛伦佐皇家修道院位于埃斯科里亚宫的中心位置，规模不小，里面有大大小小40多个祭坛，还有一个小礼拜堂。值得一提的是这里的穹顶，这个穹顶高92米，是马德里最高大的穹顶，上面绘有不少精美的壁画，是埃斯科里亚宫最漂亮的建筑之一。

必玩 02 美术收藏品
皇家艺术宝库

埃斯科里亚宫的美术收藏品主要集中在国王行宫中，在这里能看到西班牙宫廷画家戈雅所设计的挂毯等名贵工艺美术品，还有佛兰德斯派画家范·德·韦伊登所绘的《钉死在十字架上的耶稣》等名作，堪称一处皇家艺术宝库。

12 华纳兄弟游乐场

● ● ● 精彩绝伦的电影世界　　　★★★★★ 玩

华纳兄弟游乐场位于马德里南部，是由著名的华纳兄弟影业公司投资创办的。在这里可以看到很多好莱坞大片的场景，还有世界闻名的好莱坞大道的复制品。每天在这里都会上演汽车追逐、开枪、爆炸等刺激的游戏场面，让人们一会儿感觉自己身处美国西部，一会儿又置身于超级英雄们的未来世界，一会儿又和兔巴哥、达菲鸭等在卡通小镇里漫步，到处充满了新鲜感，让人乐不思蜀。

Tips
Carretera Pinto-San Martín De La Vega (M-506) KM 22, 0, 28330 San Martin de la Vega, España　90-2024100　32欧元

西班牙攻略　马德里其他

西班牙
攻略HOW

Part.5 托莱多

位于马德里西南方的托莱多曾经是古代西班牙的首都，现今城中依旧拥有哥特式、摩尔式、巴洛克式和新古典式的各类教堂、寺院、修道院、王宫、城墙等保存完好的古迹。

托莱多 特别看点！

第1名！
托莱多大教堂！
100分！

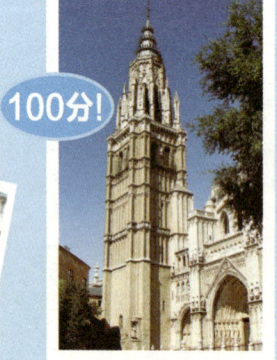

★ 在清真寺基础上建立的教堂，曾经是西班牙最大的教堂！

第2名！
阿尔卡萨堡！
90分！

★ 能从高处俯瞰托莱多城，曾经的西班牙王宫所在！

第3名！
圣十字美术馆！
75分！

★ 东西方风格结合的教堂，精美的艺术藏品！

---

01 托莱多大教堂　100分！
在清真寺基础上建立的教堂

Tips
- Calle del Cardenal Cisneros, S/N, 45002 Toledo, España
- 925-222241

托莱多大教堂位于距离马德里70公里的古城托莱多，这里曾经是基督教西班牙教区最大的教堂。这座教堂建筑在一座清真寺的基础之上，哥特式风格十分显著，拥有高大的尖塔。教堂穹顶则由88根柱子支撑，上面用彩色玻璃镶嵌了大面积的图画。教堂中间为祭坛，使用烤焦的木材制成各种造像，勾画出《旧约》中的故事场景，十分生动。

西班牙攻略 — 托莱多

必玩 唱诗班席
★ 拥有美丽浮雕的唱诗班席

　　唱诗班席是托莱多大教堂一处颇有看点的地方，这里分高低两组席位，在低排座椅上有54组反映了1492年西班牙天主教君主击败摩尔人，进入格拉纳达市的情景的浮雕，这些浮雕雕刻精致，栩栩如生，具有极高的历史与艺术价值。

02 圣十字美术馆　75分!
东西方风格结合的教堂　　　　　　　　　　　　★★★★★ 赏

Tips
🏠 Calle de Miguel de Cervantes, 3, 45001 Toledo, España ☎ 925-221036

　　圣十字美术馆的前身是一座圣十字医院，是当时托莱多的孤儿院和儿童医院，后来被改造成为美术馆。这里拥有一个颇具伊斯兰风情的中庭回廊，建筑则兼具西方风格和伊斯兰风格，反映了当时西方艺术和穆斯林风格相融合的现实。美术馆内收藏了很多16～17世纪的绘画作品，其中包括很多埃尔·格雷科和利贝拉这些大画家的画作，此外还有托莱多当地的雕塑、陶器、玻璃制品、武器等展品。

西班牙攻略　托莱多

085

03 阿尔卡萨堡 （90分！）

从高处俯瞰托莱多城的城堡

Tips
- Calle Union s/n
- 托莱多火车站乘5号巴士可达
- 925-238800
- 5欧元

阿尔卡萨堡位于托莱多的制高点，是可以俯瞰整座托莱多城的绝佳地点。它在16世纪时是国王卡洛斯五世的王宫。整座城堡呈正方形，四个角落上各有一座方形尖顶塔楼，从这里可以瞭望城内的一举一动。自从城堡建成数百年来，这里一直都是西班牙众多历史事件的见证地，同时也是西班牙内战的重要战场，那墙壁上的累累弹痕似乎还在向人们述说着当时的悲怆。

军事博物馆 （必玩）

陈列西班牙各个时期的武器

阿尔卡萨堡如今是托莱多军事博物馆所在地，在城堡里除了展示西班牙各个历史时期所用的武器、铠甲、枪炮外，还存放有历代西班牙王室的画像，在画像旁还注明了此人的名字和简单介绍。这里还有一座图书馆，存放有大量的历史资料。

04 圣多美教堂

收藏著名画作的教堂 ★★★★★ 赏

Tips
- Plaza del Conde, 1, 45002 Toledo, España
- 925-256098　¥ 2.3欧元

圣多美教堂是托莱多著名的教堂之一，在早期犹太人的建筑基础上建成，这里拥有典型的穆德哈尔式风格的砖砌六角形高塔，是当时西班牙建筑东西方风格融合的最好体现。教堂内的装饰也十分豪华，这里最著名的当数西班牙绘画大师埃尔·格雷科的代表作《奥格斯伯爵的葬礼》，每天都会看到画作前排起长龙，无数人在这里争相观赏。

必玩 ★ 奥格斯伯爵的葬礼

世界五大名画之一

位于托莱多圣多美教堂内的《奥格斯伯爵的葬礼》是西班牙最伟大的画家埃尔·格雷科的代表作，位列世界五大名画之一。这幅画描绘了为奥格斯伯爵送葬时的场景，画面层次分明，宗教感强烈。其中的人物都是当时的社会名流，画家将自己也绘入其中，见证这一历史瞬间。

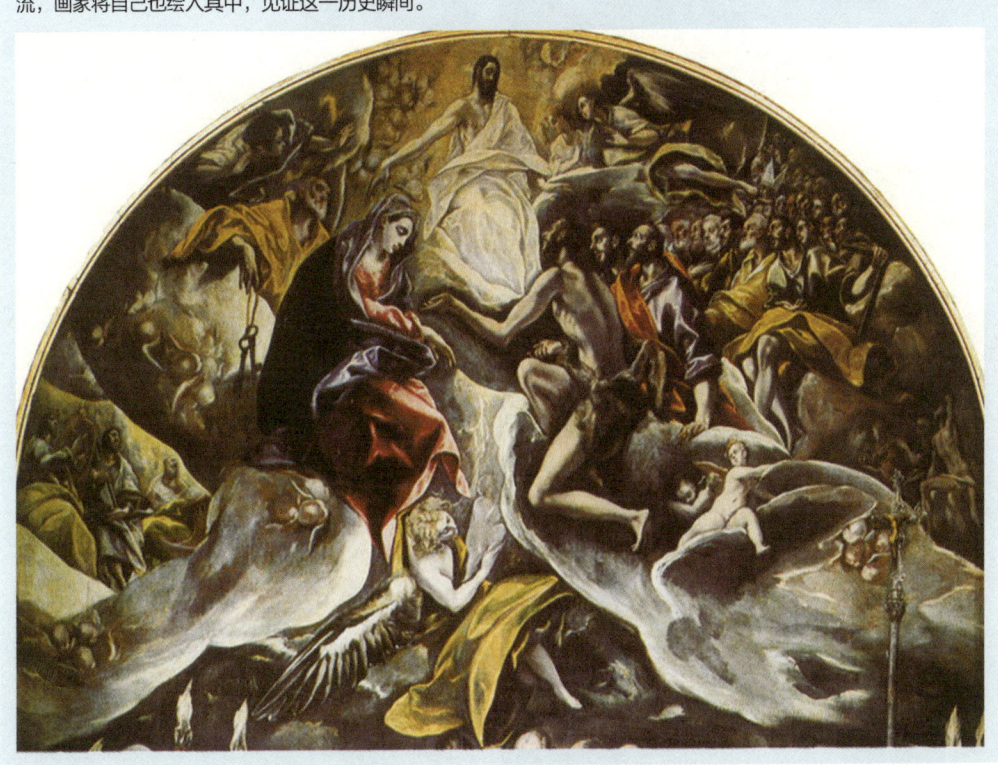

西班牙攻略　托莱多

05 索科多韦尔广场

● ● ● 托莱多市中心广场

索科多韦尔广场是托莱多最著名的广场,这里位于托莱多市中心,交通很便利。这里曾经是延续了500多年的周二市场的所在地。在广场周围遍布着大小酒馆和咖啡馆,经常可以看到很多当地人在这里悠闲地休息和会面,而到了周末,人们又会聚集到附近的斗牛场里欣赏精彩刺激的斗牛表演,可以说是托莱多的娱乐和休闲中心。

Tips
📍 Plaza de Zocodover　🚌 托莱多火车站乘5号巴士可达

06 圣胡安皇家修道院

● ● ● 哥特-穆德哈尔式修道院

Tips
📍 Calle San Juan de los Reyes 2
☎ 925-223802　💰 1.9欧元

圣胡安皇家修道院位于托莱多的犹太区中心,是一座哥特式教堂,同时也以阿拉伯风格的穆德哈尔式饰物作为装饰。教堂内更是融入了很多伊斯兰风格的装饰,尤其是回廊中,各种饰物精美绝伦。在修道院的中庭里还种植了很多橘树,阵阵清香不断飘来。在修道院的外墙上挂着很多在与阿拉伯人的战争中获得自由的基督徒的镣铐,很是引人注目。

07 埃尔·格雷科故居
西班牙最伟大艺术家的故居

Tips
Calle de Samuel Leví, S/N, 45002 Toledo, España ☎ 010-64044071

埃尔·格雷科是西班牙历史上最伟大的艺术家之一，也是托莱多人的骄傲。他原本是一个希腊人，迁居西班牙后改了埃尔·格雷科这个名字，并且创作了无数举世闻名的画作。位于托莱多城南的这座故居就是当年格雷科的画室，如今已经是一座美术馆。在这里陈列着很多格雷科所绘制的画作，并且有格雷科的详尽资料，人们可以了解这位名画家的一生事迹。

08 圣母升天教堂
西班牙最重要的犹太教堂

Tips
Calle Samuel Levi s/n ☎ 925-223665 ¥ 3欧元

圣母升天教堂是西班牙最重要的犹太教堂之一，建于14世纪，这里到处都充斥着鲜明的穆德哈尔式风格，无论是各处作为装饰的图形和花纹，还是其间夹杂的希伯来文和阿拉伯文，都让人耳目一新。教堂里的镶嵌式天花板更是有托莱多最漂亮的天花板之称。此外，在这里还有一座犹太人博物馆，展示古代犹太人在西班牙的发展史。

西班牙攻略 托莱多

西班牙
攻略HOW

Part.6 阿维拉

地处高地的阿维拉在11世纪时曾是西班牙天主教世界对抗伊斯兰教入侵的桥头堡，现今这座历史悠久的千年古城内拥有保存完好的古城墙和近百座塔楼，充满浓郁的中世纪风情。

阿维拉 特别看点!

西班牙攻略 | 阿维拉

第1名! 阿维拉大教堂! 100分!
★ 阿维拉城中重要的建筑,庄严宏伟的大教堂!

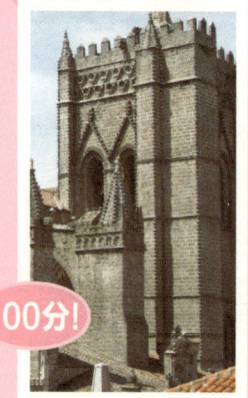

第2名! 大德兰女修院! 90分!
★ 纪念基督教女圣人大德兰修女,了解大德兰修女的生平!

第3名! 阿维拉古城墙! 75分!
★ 中世纪要塞城市的经典,感受历史的沧桑!

01 阿维拉古城墙 75分!
中世纪要塞城市的经典 ★★★★★ 赏

Tips
🏠 阿维拉火车站步行20分钟可达
☎ 920-255088　¥ 4欧元

阿维拉是中世纪时期要塞都市的典型,这里保留着很多中世纪时期遗留下来的古城墙。这座高墙长达2500多米,高12米,厚3米,由88个圆形碉堡构成,远远望去好像一道锁链一般将整座城市牢牢锁住。它依据阿达哈河流形成的不同水平面而建,借助各种多变的地形形成牢固的防御阵地。漫步城墙之上,看着余晖洒在墙体上,一种历史的沧桑感油然而生。

092

02 阿维拉大教堂 (100分!)

阿维拉城中重要的建筑

Tips
🏠 Plaza de la Catedral s/n 💰 4欧元

阿维拉大教堂是阿维拉城中重要的建筑，它的外墙好像和古城墙融为一体，由坚固的花岗石砌成，远远望去就像一座古堡一样幽深庄重。教堂包括中殿、翼廊、两座高塔和多座小礼拜堂，珍藏了不少很有价值的艺术品，其中包括描绘了耶稣一生的雕刻屏风，还有富丽堂皇的黄金饰品和油画等。这里还有大主教的衣冠冢等古迹，很有历史价值。

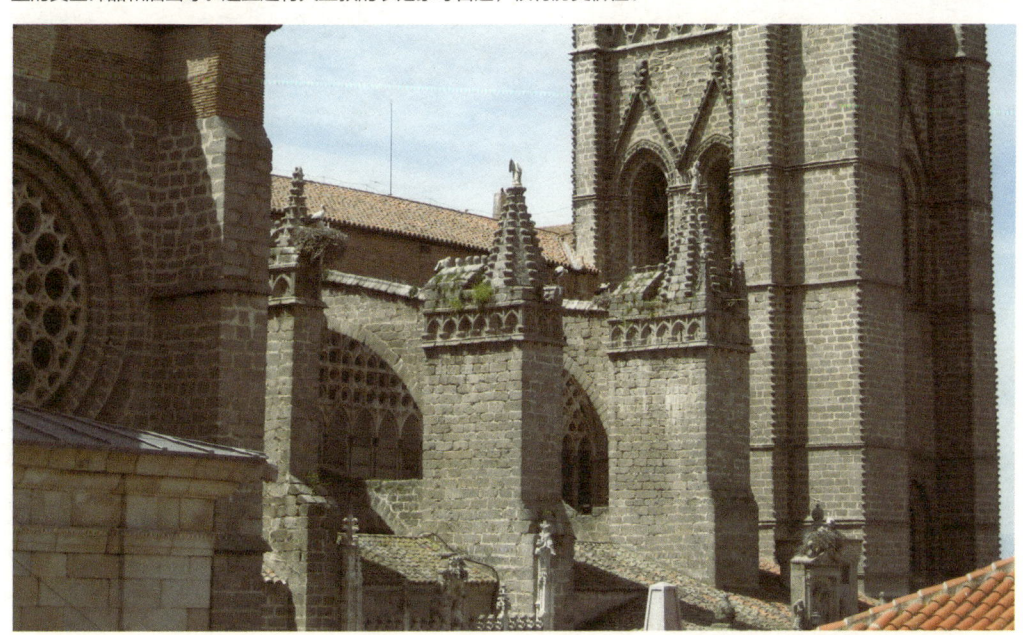

03 大德兰女修院 (90分!)

纪念基督教女圣人大德兰修女

Tips
🏠 Plaza de la Santa 2 📞 920-211030

大德兰是阿维拉的一位基督教女圣人，她在阿维拉一手建立了圣若望会院，积极倡导宗教改革，坚持在寒冷的冬天也赤足修行，深受人们的爱戴。这座巴洛克风格的修道院就是在大德兰的故居基础上修建的，在这里收藏有很多和大德兰修女有关的历史资料和文物，甚至还有一截她的手指，被视为圣物珍藏在修道院中。

西班牙攻略 | 阿维拉

093

04 维多利亚广场

阿维拉最主要的广场

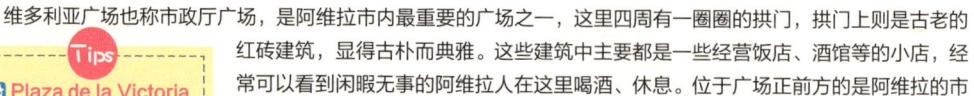

Tips
📍 **Plaza de la Victoria**

维多利亚广场也称市政厅广场，是阿维拉市内最重要的广场之一，这里四周有一圈圈的拱门，拱门上则是古老的红砖建筑，显得古朴而典雅。这些建筑中主要都是一些经营饭店、酒馆等的小店，经常可以看到闲暇无事的阿维拉人在这里喝酒、休息。位于广场正前方的是阿维拉的市政厅大楼，是阿维拉的政治中心所在。

阿维拉市政厅

阿维拉的政治中心

阿维拉市政厅是维多利亚广场上最重要的建筑，它位于广场的正前方，自古以来这里就是阿维拉的政治中心。这是一座用白色大理石砌成的建筑，有很浓郁的巴洛克风情，其下有很多拱门，每道拱门里都有一盏小灯，显得十分精致。

05 圣维森特大教堂

● ● ● 具有军事作用的教堂　★★★★ 赏

Tips
📍 Calle de San Vicente,1,05001 ñvila, España　☎ 920-255230　¥ 1.6欧元

圣维森特大教堂位于阿维拉的圣维森特门外，建于12世纪。这里在古代平时是教堂，到了战时就成了一座堡垒要塞，因此修筑得特别坚固，在保证了美观的同时还很讲究作战功能。在这里有一处醒目的大钟楼，上面的大钟如今依然不时地响起。在教堂内有圣维森特及其姐妹们的衣冠冢，而圣维森特本人陵墓上的装饰也再现了这几位殉道者当年的生活场景，很有历史意义。

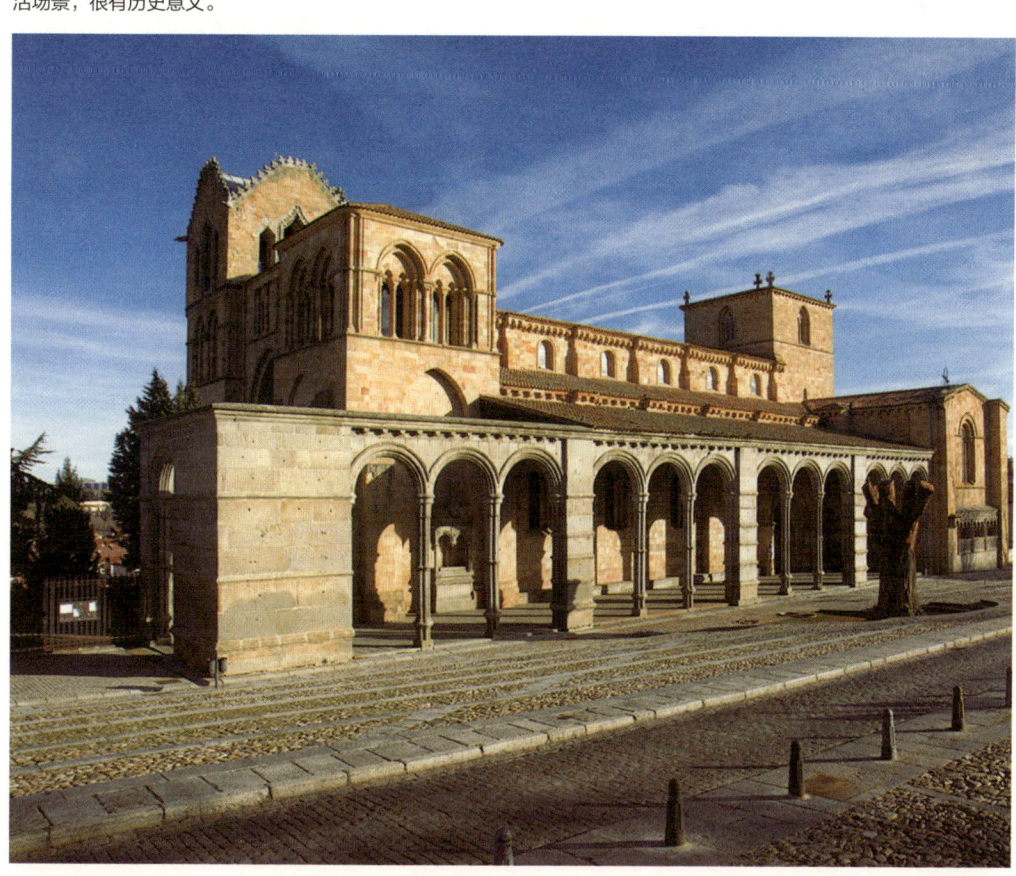

06 圣荷西修道院

● ● ● 大德兰修女创办的第一座修道院　★★★★★ 赏

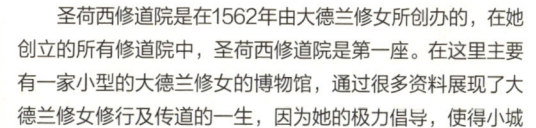

Tips
📍 Plaza de las Madres 4　☎ 920-222127　¥ 1.2欧元

圣荷西修道院是在1562年由大德兰修女所创办的，在她创立的所有修道院中，圣荷西修道院是第一座。在这里主要有一家小型的大德兰修女的博物馆，通过很多资料展现了大德兰修女修行及传道的一生，因为她的极力倡导，使得小城阿维拉成为西班牙教堂最密集的城市，在这不到0.4平方公里的地方居然拥有20多座大小教堂。

西班牙攻略　阿维拉

西班牙
攻略HOW

Part.7 特鲁埃尔

地处西班牙中部阿拉贡自治区内的特鲁埃尔以充满悲情的"特鲁埃尔恋人"传说而闻名，城内的穆德哈尔式高塔也是颇具特色。作为特鲁埃尔省的首府，特鲁埃尔还是西班牙唯一同马德里之间没有铁路直达的地区。

特鲁埃尔 特别看点！

第1名！
圣佩德罗教堂！ 
100分！
★ 14世纪的华丽教堂，特鲁埃尔历史上最著名的恋人长眠之地！

第2名！
特鲁埃尔大教堂！ 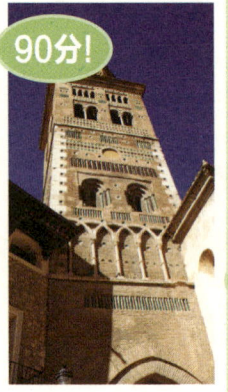
90分！
★ 历史悠久的大教堂，罗马风格的教堂！

第3名！
公牛广场！ 
75分！
★ 历史悠久的三角形广场，纪念特鲁埃尔的城市起源！

---

01 公牛广场 75分！
历史悠久的三角形广场

Tips
🏛 Plaza del Torico 🚉 特鲁埃尔火车站步行15分钟可达

位于特鲁埃尔旧城区正中心的公牛广场是一座三角形的城市广场，广场四周林立着众多餐厅、商店和银行，以及历史悠久的古建筑，犹如中世纪一般的休闲氛围，是特鲁埃尔当地人的日常生活中心。

西班牙攻略 · 特鲁埃尔

公牛喷泉
必玩 ★ 纪念特鲁埃尔的城市起源

在公牛广场正中矗立着一座建于1858年的喷泉，喷泉上装饰着公牛雕像，下方还有装饰着公牛头的出水口，用以纪念特鲁埃尔城市的起源。

02 省立博物馆
●●● 记载特鲁埃尔当地历史　★★★★ 赏

Tips
🏠 Plaza Fray Anselmo Polanco 3　🚇 特鲁埃尔火车站步行15分钟可达　☎ 978-600150

毗邻特鲁埃尔大教堂不远的省立博物馆前身是一幢建于16世纪的宫殿，在1973年被辟为展示阿拉贡古王国和特鲁埃尔当地出土文物的展览馆。共分4层的省立博物馆内收藏有古罗马时代文物、史前文物，以及当地出产的陶瓷器、农具、生活用品等大量文物，可了解特鲁埃尔当地的历史和文化发展。

03 特鲁埃尔宗教艺术博物馆
●●● 了解中世纪的西班牙宗教艺术　★★★★ 赏

Tips
🏠 Plaza Venerable Frances de Aranda 3　🚇 特鲁埃尔火车站步行15分钟可达　☎ 978-619950　¥ 3欧元

毗邻特鲁埃尔大教堂的宗教艺术博物馆创立于1984年，共分为5间展室，收藏展示有来自特鲁埃尔当地各教堂的圣像、十字架、宗教书籍和绘画等大量展品，可了解中世纪西班牙的宗教艺术成就。

西班牙攻略　特鲁埃尔

099

04 特鲁埃尔大教堂 (90分!)

历史悠久的大教堂 ★★★★★ 赏

由阿拉贡国王阿方索二世于12世纪修建的特鲁埃尔大教堂最初是一座罗马风格的教堂，在漫长的历史中不断扩建，形成现今融合多种风格的外观。其中建于1257年的教堂塔楼外观装饰着色彩缤纷的瓷砖，是西班牙保存最好的穆德哈尔式高塔之一。

Tips
- Plaza Venerable Frances de Aranda
- 特鲁埃尔火车站步行15分钟可达
- 978-618016
- 3欧元

05 特鲁埃尔水道桥

特鲁埃尔的"天桥" ★★★★ 赏

位于特鲁埃尔郊外的水道桥建于西班牙文艺复兴时期，当时的特鲁埃尔市政府为解决城市饮水问题，模仿古罗马人修建了这座从市区外引河水的水道桥，但最终却因缺少经费而中断修建，只剩下这座半成品的水道桥一直屹立在城外，被当地人称为"天桥"。

Tips
- Carretera de Alcaniz
- 特鲁埃尔火车站步行25分钟可达

06 萨尔瓦多塔
独树一帜的高塔 ★★★★ 赏

Tips
📍 Calle del Salvador s/n 🚶 特鲁埃尔火车站步行10分钟可达 ☎ 978-602061 ¥ 2.5欧元

07 圣佩德罗教堂 100分!
14世纪的华丽教堂 ★★★★★ 赏

Tips
📍 Iglesia de san Pedro 🚶 特鲁埃尔火车站步行15分钟可达 ☎ 978-618398 ¥ 3欧元

建于14世纪的圣佩德罗教堂历史上曾经多次扩建，形成现今多种风格并存的华丽外观，其中1895年设计师Salvador Gisbert对圣佩德罗教堂的改建设计最为知名，宏伟华丽的教堂吸引了众多游客慕名而来。

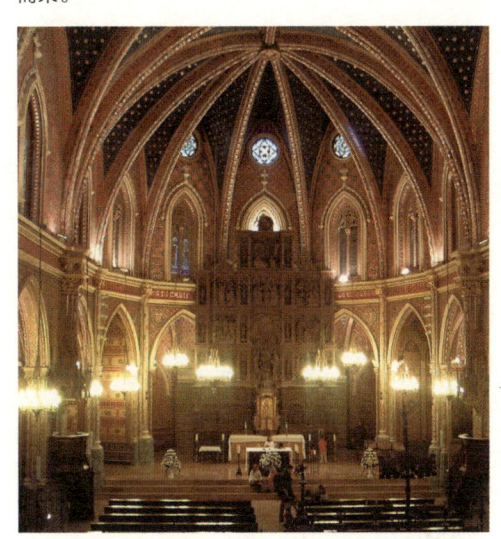

必玩 01 圣佩德罗塔
特鲁埃尔最古老的穆德哈尔式高塔

建于13世纪的圣佩德罗塔高25米，其外观类似城门，底层有通向郊外的道路，是特鲁埃尔当地历史最悠久的穆德哈尔式高塔。

必玩 02 恋人祠堂
特鲁埃尔历史上最著名的恋人

恋人祠堂内长眠着一对13世纪的情侣，艺术家在教堂内雕刻了一对双手相握的恋人石棺，吸引了众多情侣慕名而来。

特鲁埃尔拥有4座穆德哈尔式高塔，其中高达40米的萨尔瓦多塔外观装饰有大量马赛克镶嵌瓷砖，塔内共有5层，顺着阶梯一路向上沿途还有大量介绍萨尔瓦多塔历史的展览，在塔顶钟楼可一览特鲁埃尔古城的风光。

西班牙攻略　特鲁埃尔

101

西班牙
攻略HOW

Part.8
巴塞罗那·新广场

巴塞罗那新广场位于巴塞罗那历史悠久的哥特区核心,在广场四周林立着大量古老的传统建筑,这里经常能看到加泰罗尼亚传统舞蹈萨尔达纳舞表演,充满了传统加泰罗尼亚风情。

西班牙攻略

巴塞罗那·新广场

巴塞罗那·新广场 特别看点！

第1名！ 巴塞罗那大教堂！  100分！
★ 花费600多年时间建造的教堂，尖塔耸峙的哥特式教堂！

第2名！ 加泰罗尼亚音乐厅！ 90分！
★ 巴塞罗那最负盛名的建筑，现代主义经典建筑！

第3名！ 国王广场！ 75分！
★ 14世纪修建的广场，巴塞罗那曾经的政治中心！

01 巴塞罗那新广场
巴塞罗那传统建筑的汇集处 ★★★★★ 逛

Tips
🏛 Plaξa Nova　🚇 乘地铁4号线在Jaumel站下

巴塞罗那新广场位于巴塞罗那哥特旧城区的中心位置，周边汇集了巴塞罗那很多的传统建筑，包括最引以为豪的巴塞罗那大教堂。也有绘画巨匠毕加索经常光顾的4只猫餐厅。这里总是充满了传统加泰罗尼亚风情，在广场上有时还能看到加泰罗尼亚传统舞蹈萨尔达纳舞表演，每年三月还有据说是欧洲最重要的古董博览会——古董沙龙，是巴塞罗那年轻人经常聚集的地方。

★必玩 城墙
罗马人修建的古城墙

围绕着巴塞罗那哥特旧城区有长长的城墙，这是在古罗马时期由罗马人所修建的，这些城墙高9米，将整个哥特区包围起来，形成一处牢不可破的防御工事。如今，这些城墙仅剩下一些残余部分和几座塔楼，从中还依稀能看到当年城墙高耸的胜景。

02 巴塞罗那大教堂 (100分!)

花费600多年时间建造的教堂　★★★★★ 赏

Tips
- Pla Seu, 08002 Barcelona, España
- 乘地铁1、3号线在Catalunya站下
- 93-3151554

巴塞罗那大教堂是一座哥特式的建筑，始建于13世纪，当时正是巴塞罗那发展到鼎盛的时期，不过建造这座教堂却花了600多年时间，直到20世纪初方才正式完成。整座教堂尖塔耸峙，线条流畅优美。教堂内正中是供奉巴塞罗那的守护神圣欧拉利娅的祭坛。此外，在教堂后面还有一座美术馆，收藏着教堂内原本珍藏的各种艺术品，是艺术爱好者们的圣地。

★必玩 圣欧拉利娅礼拜堂
祭祀巴塞罗那的守护神

圣欧拉利娅礼拜堂是巴塞罗那大教堂内最重要的部分，这里以巴塞罗那的守护神圣欧拉利娅的名字命名，地下安放着圣欧拉利娅的陵墓。据说这座礼拜堂里的蜡烛是受到圣欧拉利娅保护的，永远不会熄灭。

03 奥古斯都神庙

加泰罗尼亚旅游信息中心　★★★★★ 赏

Tips
- Carrer del Paradis 10
- 乘地铁4号线在Jaumel站下
- 93-3152311

奥古斯都神庙建造在巴塞罗那的达贝尔山山顶，这里曾经是古罗马时期最重要的宗教建筑，祭祀着古罗马的众神。如今这里仅存4根巨大的科林斯式石柱，人们只能从残垣断壁之间想象当年的模样。现在这里已经成为加泰罗尼亚旅游信息中心，初来巴塞罗那的人们可以在这里领取地图等资料，给人们畅快地游览巴塞罗那提供了很多方便。

西班牙攻略　巴塞罗那·新广场

105

04 国王广场 (75分!)

14世纪修建的广场

★★★★★ 逛

Tips
📍 Plaça del Rei 🚇 乘地铁4号线在Jaumel站下

国王广场是14世纪时统治巴塞罗那的阿拉贡王国所修建的，在阿拉贡王国时期就是重要的城市中心，国王经常在这里举行各种仪式活动。这里四面都是气势宏伟的哥特式建筑，很多都是15、16世纪遗留下来的。在广场一角还有一个好像箱子一样的铁质雕塑，这里是各类街头艺人表演的地方。到了夏季，广场就会变身成为露天音乐会的会场，经常会举行各种音乐表演。

★必玩 总督府
巴塞罗那曾经的政治中心

总督府是16世纪加泰罗尼亚总督的官邸所在，是巴塞罗那曾经的政治中心，现在则是巴塞罗那市政府文化部的所在地。这里门口还悬挂着过去加泰罗尼亚的徽章，同时还通过一座名叫"叹息桥"的小桥与加泰罗尼亚自治区政府相连，在西班牙的政治中依然扮演着重要的角色。

05 巴塞罗那城市历史博物馆

承载巴塞罗那的悠久历史

★★★★ 赏

Tips
📍 PLañA REI, 08002, Barcelona, España 🚇 乘地铁4号线在Jaumel站下 ☎ 93-2562122 💰 4欧元

巴塞罗那城市历史博物馆是一处承载着巴塞罗那数百年历史的博物馆，这里记载了从古罗马帝国开始的所有历史。博物馆由两部分组成，其一是王宫，其二则是博恩市场。王宫是一座罗马风格建筑，是古代阿拉贡王室居住的地方，里面除了有很多珍贵的艺术品外，还有一座马丁国王瞭望塔，在这里可以远眺巴塞罗那城内的风景。博恩市场则是一座高大的铁架搭建的建筑，曾经是一个果蔬市场，后来因为发现了古罗马遗址而成为城市博物馆的一部分。

06 副主教府邸
融合不同时期风格的建筑

Tips
- Santa Llucia 1
- 乘地铁4号线在Jaumel站下
- 93-3181195

位于新广场一侧的副主教府邸从12世纪开始就是巴塞罗那教会高层神职人员的住所，经过近千年的演变发展，这幢拥有美丽阳台和中庭的建筑融合了不同时代的建筑风格，其火焰哥特式建筑与文艺复兴风格的装饰尤其令人称赞。

必玩 信箱
别具特色的信箱

1895年巴塞罗那律师协会曾设在副主教府邸内，由建筑师Lluis Domenech i Montaner设计的信箱装饰有乌龟和三只燕子的图案，分别象征政治和司法自由。

07 巴塞罗那市政厅
巴塞罗那的政治核心

Tips
- Rambla de Catalunya, 2-4, 08007 Barcelona
- 93-3172177

巴塞罗那市政厅是巴塞罗那最核心的建筑，这里的历史最早可以上溯到13世纪。这座市政厅建造在西莫·奥拉府第的原址上，最早是由行业公会、手工业工匠和商人当中的杰出公民代表组成的百人议会会址。市政厅最具艺术特色的当数它的门厅。这里保留了很多传统的风格，随处都能见到各种油画装饰和各种塑像，其中很多出自名家手笔，堪比一家美术馆。

08 加泰罗尼亚自治区政府大楼

融多种风格于一身

Tips
- Sant Sever, 12, 08002 Barcelona, España
- 乘地铁4号线在Jaumel站下
- 90-2400012

加泰罗尼亚自治区政府大楼和巴塞罗那市政厅遥遥相对，两座建筑风格类似，年代接近，好像一对兄弟一般。这里自15世纪开始就是加泰罗尼亚地区议会的所在地。其建筑融哥特式、文艺复兴式和巴洛克式风格于一体，二楼阳台上还有一尊加泰罗尼亚守护神圣乔治的塑像。建筑内部的各种装饰更是凸显出过人的艺术感，橘树庭院、金厅、安东尼·塔比埃斯厅等都是这里著名的部分。

09 弗雷德里克·马雷美术馆

丰富的雕塑收藏

★★★★★ 赏

Tips
- Plaña Sant IU, 5-6, 08002 Barcelona, España
- 乘地铁4号线在Jaumel站下
- 93-3105800
- 3欧元

弗雷德里克·马雷美术馆是巴塞罗那最著名的一家美术馆,这座美术馆共分四层,馆内的收藏品全都是马雷费尽心思从欧洲各地收集而来的,其中有很大一部分都是雕塑作品。从美术馆的地下到二楼全都摆放着从罗马时代开始的各种美妙雕塑,不乏名家名作,让人感觉好像身处一片雕塑丛林之中。三楼和四楼则被称作"感伤美术馆",展出了很多旧时贵族们日常生活所用的扇子、烟斗等物品。

西班牙攻略

巴塞罗那·新广场

西班牙攻略

巴塞罗那·新广场

10 加泰罗尼亚音乐厅
巴塞罗那最负盛名的建筑

90分！

★★★★★ 赏

Tips
- Palau De La Música, 4, 08003 Barcelona, España
- 乘地铁1、4号线在Urquinaona站下
- 93-2957200 ¥ 10欧元

加泰罗尼亚音乐厅是巴塞罗那最负盛名的建筑，是由建筑大师路易斯·多曼克在1908年主持设计建造的，是现代主义建筑的经典范例。因为这里设施完备，声音效果极佳，吸引了全世界的各大乐团前来表演，每年要进行300多场演出，包括弗拉门戈舞曲、交响乐、流行音乐等各个流派。同时，这里还是有100多年历史的加泰罗尼亚合唱团的演出地点，很受人们喜爱。

11 卡尔贝之家
高迪设计的特色建筑

★★★★ 赏

Tips
- Casp, 48, 08010 Barcelona, España
- 乘地铁1、4号线在Urquinaona站下
- 93-4124012

卡尔贝之家是巴塞罗那的一位商人卡尔贝的住宅，是巴塞罗那的建筑巨匠高迪在1898年设计的。因为卡尔贝是一位经营香菇生意的商人，所以高迪别出心裁地在二楼设计了一个香菇的装饰图案，凸显出主人的身份。这里一反高迪善用各种瓷砖装饰的常态，而是采用了铁栏杆和雕塑摆出各种优雅的造型，在巴塞罗那的诸多建筑中别具一格。

★ 必玩 卡尔贝咖啡馆
视觉和味觉的双重享受

卡尔贝咖啡馆位于卡尔贝之家的一楼，在经营咖啡的同时还出售各种地中海风情的西班牙美食，人们可以端坐在这漂亮的建筑中一边享受美味的菜肴，一边欣赏这里同样由高迪设计的各种家具，可以说是视觉和味觉的双重享受。

12 巴塞罗那现代美术馆

●●● 著名白色派设计师设计的建筑　　　★★★★ 赏

Tips
- Plaña àngels, 1, 08001 Barcelona, España　乘地铁1、2号线在Universitat站下
- 93-4120810　￥4欧元

巴塞罗那现代美术馆是巴塞罗那收藏现代艺术最为全面的一家美术馆，由美国著名建筑设计师理查德·迈耶所设计。因为迈耶是知名的白色派人物，所以这家美术馆也以白色为主色调。通体雪白的外墙在阳光的照射下显得那么纯净，让人一看就为那种干净无瑕的造型所吸引。美术馆内收藏了各个流派的现代艺术作品，无论是绘画还是雕塑都处于白色的空间之内，令人耳目一新。

13 4只猫餐厅

●●● 和毕加索颇有渊源的餐厅　　　★★★★ 吃

Tips
- Montsió 3 bis, 08002 Barcelona, España　乘地铁1、3号线在Catalunya站下
- 90-2405160

4只猫餐厅是一家在巴塞罗那家喻户晓的餐厅，但是最初这里却门可罗雀，所以店主以西班牙语中表示人很少的"4只猫"一词为这里命名。直到一位叫做毕加索的年轻人来到这里，才彻底改变了这家餐厅的命运。毕加索早年经常在这里进行创作和举办个展，即使是他成名之后也经常来到这里。店里的菜单据说就是由毕加索本人设计的，而他个人的形象也被餐厅当做标志展现出来。

西班牙攻略　巴塞罗那·新广场

111

西班牙
攻略HOW

Part.9
巴塞罗那·兰布拉斯大街

兰布拉斯大街两侧林立着成排的绿色植物，是巴塞罗那著名的街头表演艺术圣地。此外，繁华的兰布拉斯大街上还有众多的商家和博物馆，不论何时都是人流熙熙攘攘的闹市。

西班牙攻略

巴塞罗那·兰布拉斯大街

巴塞罗那·兰布拉斯大街 特别看点！

第1名！ 兰布拉斯大街！  100分！
★巴塞罗那最长的步行街，街头艺人的天堂！

第2名！ 贝尔港！ 90分！
★哥伦布出海的港口！

第3名！ 加泰罗尼亚广场！ 75分！
★巴塞罗那的交通中心之一，巴塞罗那最重要的广场！

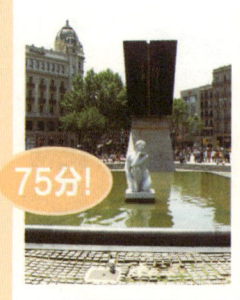

---

01 兰布拉斯大街 (100分!)
巴塞罗那最长的步行街 ★★★★★ 逛

Tips
🏛 Mercat de Sant Josep　🚇 乘地铁1、3号线在Catalunya站或Liceu站、Drassanes站下

　　兰布拉斯在阿拉伯语中是季节性河流干裂的河床的意思，当阿拉伯人初次来到这里时，这里是一片泥沙淤积地，十分荒凉。如今这里早就变成了一条宽敞明亮的大街，路两侧都是一排排的绿色植物，当年那种泥沙遍地的情景早已无影无踪。同时，这里还是各地街头艺人的天堂，来自各地的表演高手们时常在路边展示他们出色的才艺，引来不少人驻足观看。

114

02 加泰罗尼亚广场 （75分！）

巴塞罗那的交通中心之一

Tips
📍 Plaça de Catalunya 🚇 乘地铁1、3号线在Catalunya站下

　　加泰罗尼亚广场是巴塞罗那最重要的广场之一，这座广场规模并不大，四周由传统的哥特式建筑包围着。这里地处巴塞罗那新老城区的交界处，好几条主要大道在这里交会，成为东西南北交通的枢纽之一。在广场上，形式多样的雕塑是这里的亮点，既有古时优雅的古典雕塑，也有现代感十足的前卫造型，让人感受到无穷的魅力。

Francesc Macia纪念碑

纪念加泰罗尼亚独立先驱

　　Francesc Macia纪念碑位于加泰罗尼亚广场的西南角。Francesc Macia是一位加泰罗尼亚人，他在1931年西班牙第二共和国成立后宣布加泰罗尼亚独立，并成立了加泰罗尼亚独立政府。这座纪念碑造型新颖，好像两座楼梯交错放在一起，是加泰罗尼亚广场上最具现代感的部分。

03 圣约瑟市场

有700多年历史的老市场

Tips
📍 Placa de la Boqueria 🚇 乘地铁1、3号线在Liceu站下 ☎ 93-3182017

　　圣约瑟市场是兰布拉斯大街上极具特色的一处集市，至今已经有700多年历史了。这里既有传统的商店，也有各种特色小摊，每天各种叫卖声响成一片，构成一道亮丽的风景线。在这里出售的商品涵盖了人们吃穿住用各个方面，尤其是各种西班牙特产和新鲜果蔬最受人们的欢迎。在这里买上一些特产，带回去馈赠亲友是再好不过了。

西班牙攻略 巴塞罗那·兰布拉斯大街

115

04 河渠口广场

看图案丰富的马赛克贴画 ★★★★ 逛

河渠口广场位于兰布拉斯大街的中心位置，地面用大量的马赛克拼贴出各式各样的图案，这是西班牙著名设计师米罗的手笔。米罗还为广场边的一家餐厅设计了招牌，是一条提着灯笼的龙，下面还放着一柄雨伞，十分有趣。在广场周边能看到很多大小咖啡店、酒馆和街头艺人的表演等，相当热闹。

Tips
- La Rambla 51-59
- 乘地铁1、3号线在Liceu站下
- 93-4859900

05 利塞奥大剧院

巴塞罗那最华丽的剧院 ★★★★★ 娱

利塞奥大剧院在整个欧洲都十分出名，自1847年建成后一直都是巴塞罗那人引以为傲的建筑之一。但是后来这座辉煌精美的大剧院毁于大火，1999年，人们又重新将其建造了起来。重建后的剧院不但保留了原有建筑的风格和装饰，更加入了现代化的设施，让原本就很出色的剧院更显得完美，成为整个西班牙最华丽的大剧院之一。

Tips
- La Rambla, 51-59, 08002 Barcelona, España
- 乘地铁3号线在Liceu站下
- 93-4859900
- 6欧元

06 圣莫妮卡美术馆
由修道院改建的美术馆 ★★★★ 赏

Tips
🏠 La Rambla 7　🚇 乘地铁1、3号线在Drassanes站下　📞 93-5671110

从兰布拉斯大街到巴塞罗那港这一段被称作圣莫妮卡街，就是以圣莫妮卡美术馆的名字命名的。这座美术馆原来是一家修道院，始建于17世纪，是这里唯一一座保持着300多年前原貌的建筑。在美术馆里珍藏着原来圣莫妮卡修道院所珍藏的各种艺术品，其中包括很多中世纪时期的名家名作，是兰布拉斯大街上最具艺术气质的地方。

07 贝特雷姆教堂
被战火摧残的巴洛克教堂 ★★★★ 赏

Tips
🏠 Carrer del Carme, 2 / Rambla, 107

贝特雷姆教堂建于16~17世纪，是在巴塞罗那较为少见的巴洛克风格宗教建筑。1936年西班牙内战时，这里毁于战火，后来虽然尽力修复，却无法恢复到最早的规模。如今走进教堂，会觉得这里较为空旷，四处还有不少当年战争遗留下来的痕迹，只能从墙上的精美浮雕一窥当年的美妙景致了。

西班牙攻略　巴塞罗那·兰布拉斯大街

08 皇家广场
充满航海元素的广场

Tips
- Plaña Reial, 10, 08002 Barcelona, España
- 乘地铁3号线在Liceu站下
- 93-4813696

皇家广场建于19世纪，这里四周被原方济各会的建筑所围绕，颇有宗教气息。在这座广场上有很多以大航海时代的航海家和美洲探险为内容的标志，向人们展现那个充满激情和理想的年代。同时，在广场上还遍布着大大小小的咖啡厅与酒吧，一到晚上这里就顾客盈门，夜生活十分丰富。每到周日，这里还会变身为邮票和硬币的交易市场，很多人到这里来淘宝。

★必玩 高迪设计的街灯
样式多变的街灯

皇家广场的街灯别具特色，这是巴塞罗那最伟大的建筑设计师高迪在取得执照之后的第一份作品。每一座街灯上均有六道铁臂，上面装有铁头盔形状的灯，这极具特色的造型正是高迪独树一帜的风格体现，可见大师的风范从很早就初露端倪了。

09 古埃尔宫
高迪的得意之作

古埃尔宫是高迪最得意的作品之一,是他在1888年主持设计建造的,正是这一座宫殿,奠定了高迪建筑大师的地位。这座宫殿最大的特色就在于它那样式多变、稀奇古怪的烟囱。这里的烟囱外部大多用瓷片拼贴出各种图案,色彩也很鲜艳,就好像是从童话世界里走出来的一样,十分引人注目。此外,宫殿里的楼梯、墙壁等部分也都独具匠心,让人不得不赞叹大师的手笔。

Tips
Carrer Nou de la Rambla, 3, 08001 Barcelona, España 乘地铁3号线在Liceu站下 93-3173974

西班牙攻略 巴塞罗那·兰布拉斯大街

119

10 哥伦布纪念柱

世界上最大的哥伦布雕像 ★★★★ 赏

Tips
📍 Llull, 200, 08005 Barcelona, España 🚇 乘地铁3号线在Drassanes站下 ☎ 93-3091154

哥伦布纪念柱位于兰布拉斯大街的尽头，是西班牙艺术家阿尔契所设计，是为了纪念1888年万国博览会开幕而建的。纪念柱高60米，在顶端矗立着的哥伦布塑像意气风发，手指向新大陆的方向，这是世界上最大的哥伦布雕像。其身后就是停泊在巴塞罗那港内的、哥伦布第一次出航探险乘坐的"圣玛丽亚"号帆船的复制品。如今这里已经是巴塞罗那最具代表性的景观，引来世界各地的无数游客。

11 海事博物馆

介绍加泰罗尼亚地区的先进航海技术 ★★★★ 赏

Tips
📍 Avinguda Drassanes, s/n, 08001 Barcelona ☎ 93-3429920

巴塞罗那是西班牙最重要的港口之一。这家海事博物馆就主要介绍了当时加泰罗尼亚地区出色的造船工艺以及发达的航海文化。在陈列厅的中央展出了一条气势恢弘的大船的复制品，这就是西班牙鼎盛时期"无敌舰队"的旗舰，是当时西班牙海军实力的体现。此外，这里还有各种炮舰、渔船、工作船等的复制品，以及各种航海用具和精美艺术品等，从各个方面介绍了当时西班牙航海的历史。

12 贝尔港 (90分!)

哥伦布出海的港口 ★★★★★ 逛

Tips
- Port Vell
- 乘地铁3号线在Drassanes站下
- 010-66055812

顺着哥伦布纪念柱上哥伦布手指的方向就能来到贝尔港,这里就是当年哥伦布出海寻找前往印度的航线的出发地。如今这里是巴塞罗那最重要的深水码头之一,在这里还停泊着当年哥伦布出海探险时的帆船的复制品,人们可以上船感受一下哥伦布当年的心情。海港边被两旁遍植绿树的彩色石板步行道所围绕,路上每隔一段就会有朝向大海的石椅,经常能看到情侣们坐在椅子上面朝大海,谈情说爱。

必玩 ★ 汽艇码头
乘坐汽艇入海

在贝尔港的码头前,总能看到一排排的私人汽艇在这里停泊,这也是巴塞罗那一大景观。大海之中也常能看到各式汽艇来来往往地航行着。如果有机会能坐上汽艇前往大海中游览一番,那一定是让人难忘的精彩体验。

西班牙攻略 | 巴塞罗那·兰布拉斯大街

121

西班牙
攻略HOW

Part.10 巴塞罗那·不和谐建筑群

不和谐建筑群是对矗立在巴塞罗那街头三座建筑的合称。位于街角的巴特约之家、阿马特耶之家和叶奥·莫雷拉之家,因其大胆迥异的设计而与四周建筑显得格格不入,故而得名。

西班牙攻略

巴塞罗那·不和谐建筑群

巴塞罗那·不和谐建筑群 特别看点！

第1名！
圣家族大教堂！ 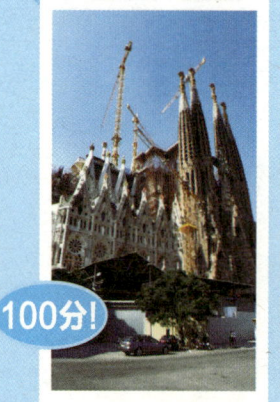
100分！
★ 世界上最著名的建筑之一，高迪的代表作！

第2名！
不和谐建筑群！ 
90分！
★ 三位设计大师的智慧结晶，魔幻色彩的建筑景观！

第3名！
米拉之家！ 
75分！
★ 设计独特的石头屋，高迪设计的最后一座私人住宅！

---

01 不和谐建筑群   90分！
三位设计大师的智慧结晶   ★★★★★ 赏

Tips
📍 Passeig Gràcia, 41, 08007 Barcelona, España ☎ 93-4961245

　　不和谐建筑群是对矗立在巴塞罗那街头三座建筑的合称，三座建筑分别为巴特约之家、阿马特耶之家和叶奥·莫雷拉之家，它们分别是巴塞罗那三位知名建筑设计师的作品。因为这三座建筑各具特色，风格迥异，位于街角上既显得格格不入，又互相映衬，散发出独特的魅力，也成为来到巴塞罗那的各方游客不能错过的景点。经常可以看到来自世界各地的游人在这里一边惊叹，一边拍照留念。

必玩 01 巴特约之家
具有魔幻色彩的建筑

巴特约之家是高迪在20世纪初翻建的一幢公寓楼，这座建筑充满了西方独特的魔幻色彩。它的外墙是用彩色马赛克装饰的，屋脊被设计成锯齿形，尤其是其中的烟囱，更是被人们誉为"会跳舞的烟囱"。巴特约之家可以说是现代派艺术的典范作品。

必玩 02 叶奥·莫雷拉之家
花儿 般的建筑

叶奥·莫雷拉之家是蒙达内尔所设计的，这位建筑师善于在建筑上装点花卉图案，因此被人称为"花之设计师"。这座建筑也是如此，各种彩色的瓷砖、玻璃、浮雕将这里装点得如花儿一般，与其他两座建筑相比显得别具一格。

必玩 03 阿马特耶之家
古典端庄的白色建筑

阿马特耶之家是建筑设计师卡达法尔契的作品，由于他崇尚复古，因此这座建筑也散发出端庄典雅的气质。白色的外墙上装点着彩色的马赛克，墙面上还刻有漂亮的浅浮雕，形成了典型的新哥特式建筑风格。

02 圣家族大教堂 (100分!)
世界上最著名的建筑之一 ★★★★★ 赏

Tips
- Carrer de Mallorca, 401, 08013 Barcelona, España
- 乘地铁L2、L5线在Sagrada Familia站下
- 93-2073031
- ¥8欧元

圣家族大教堂是建筑大师高迪的代表作，位于巴塞罗那的市中心。这座教堂自从1882年开始修建，直到今天尚未完工。虽然如此，却依然不影响它成为世界上最著名的建筑之一。这座教堂是哥特式建筑，高耸的尖塔和流畅的线条是其最大的特色。高迪将自己后40年的生涯完全倾注在这座建筑中，他将教堂的三个立面分别以隐喻的手法表现耶稣一生的三个阶段，即诞生、受难与复活，将教堂的纪念性推到了顶峰。

西班牙攻略 · 巴塞罗那 · 不和谐建筑群

必玩 01 诞生立面
生机勃勃的立面

位于教堂东面的诞生立面是教堂的三大立面之一，设计者高迪将这里赋予了展示耶稣降生过程的含义，其上雕刻了《圣经》中描绘的耶稣降生的浮雕，每当太阳升起，阳光照射在这立面上，鲜活的生命力立刻展现了出来。同时，这里还用海龟等形象表达了长寿等含义，具有浓厚的祝福意味。

必玩 02 复活立面
哀伤悲凉的立面

复活立面位于教堂的西侧，和生机勃勃的诞生立面相比，这里显得多少有点悲凉。立面上的浮雕讲述了耶稣受难并复活的故事，上面的人物显得瘦骨嶙峋，耶稣的脸也被覆盖了起来，当余晖照到这里的时候，一种哀伤的氛围立刻就体现了出来。

必玩 03 侧礼拜堂
高迪设计的礼拜堂

圣家族大教堂内的侧礼拜堂由高迪设计修建，装饰有大量天使头像和成串的眼泪，象征耶稣所受的苦难。

西班牙攻略 巴塞罗那·不和谐建筑群

127

必玩 04 教堂内部
栩栩如生的浮雕

在教堂内部有很多栩栩如生的浮雕，每一幅都浸透了高迪的心血，他为了将《圣经》故事真实地反映给人们，特别去找了合适的真人来做模特儿。因此，这里的浮雕无论是动作还是表情都极为生动，虽然很多地方尚未完成，但依然可以领略到这些堪称奇迹的精美艺术品的魅力。

必玩 05 高塔
富有象征意义的尖塔

高塔是这座教堂的另一大看点，在三座正门上共有12座尖塔，代表耶稣的12位门徒，这些尖塔共同簇拥着中间6座尖塔，分别代表4位福音传教士、圣母玛利亚和耶稣本人。这些尖塔高耸入云，从巴塞罗那城里任何一个地方都能清晰地看到。可以想象其完工后将是什么样的宏伟景象。

03 米拉之家 (75分!)
设计独特的石头屋 ★★★★★ 赏

Tips
Paseo de Gracia, 92, 08008 Barcelona, España　乘地铁3、5号线在Diagonal站下　93-4845900　¥9.5欧元

米拉之家坐落在格拉西亚大道上，也被人称作"石头屋"。这是20世纪初巴塞罗那的大富商米拉请高迪设计的，也是高迪所设计的最后一座私人住宅。这座建筑设计独特，宛如波浪一样蜿蜒扭曲的外观，以及33座阳台与150多扇窗户是它的最大特色，从不同的角度观察，它都会展现出不一样的面貌。同时，这幢建筑的所有承重都在那数十根高大的柱子上，因此里面的房间可以任意改造，这也使得这里具有很大的改建空间，为后世的人发挥想象力留下了余地。

04 格拉西亚大道

● ● ● 巴塞罗那最著名的购物街　　★★★★★ 逛

Tips
🚇 Passeig de Gracia　🚇 乘地铁2、3、4号线在 Passeig de Gracia站下

格拉西亚大道也称感恩大道，是巴塞罗那最著名的一条道路。这条大道沿街遍布着各种品牌精品店，是巴塞罗那最繁华的购物区之一。这里也是全西班牙房价最高的地段，称得上是一条黄金大道。除了有各种世界知名品牌的购物店，这里还有米拉之家、阿马特耶之家和巴特约之家等极具观赏性的传统建筑，可以说是融时尚和经典于一体。

05 安东尼·达比埃斯美术馆

● ● ● 非定型绘画艺术　　★★★★★ 赏

Tips
🏠 Carrer d'Arago' 255　🚇 乘地铁2、3、4号线在 Passeig de Gracia站下　☎ 93-4870315
💴 7欧元推荐

安东尼·达比埃斯是20世纪非定型绘画大师，是继毕加索、米罗、达利等人之后，西班牙又一艺术巨匠。这家安东尼·达比埃斯美术馆本身是一座19世纪的出版社建筑，后来改建为美术馆。在这里收藏了很多安东尼·达比埃斯的画作和雕塑作品，他的画充满了各种奇思妙想，将现实世界用抽象的方式表现出来，将一个新的世界展现在人们的面前，让人充满了遐想。

西班牙攻略

巴塞罗那·不和谐建筑群

129

西班牙
攻略HOW

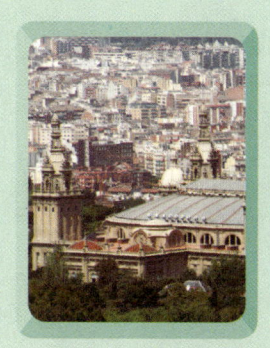

Part.11 巴塞罗那·蒙特惠奇

　　林木茂密的蒙特惠奇山（蒙锥克山）被誉为巴塞罗那市内最重要的"都市氧吧"，1929年的万国博览会与1992年的奥运会期间都选在这里修建了大量公共设施，如今依旧有神奇喷泉、国家宫、西班牙村、米罗基金会、奥林匹克运动场、蒙特惠奇城堡等景观。

西班牙攻略

巴塞罗那·蒙特惠奇

巴塞罗那·蒙特惠奇 特别看点！

第1名！
加泰罗尼亚美术馆！
100分！ 

★ 巴塞罗那最大的美术馆，加泰罗尼亚地区文化交融的最佳体现！

第2名！
西班牙村！ 
90分！

★ 展示西班牙的传统文化，浓缩的西班牙！

第3名！
米罗美术馆！ 
75分！

★ 米罗曾经的工作室，创作无数名作的地方！

01 加泰罗尼亚美术馆 (100分!)
巴塞罗那最大的美术馆 ★★★★★ 赏

Tips
- Parc Montjuňc, 08038 Barcelona, España
- 乘地铁1、3号线在Espanya站下
- 93-622037
- ¥ 4.8欧元

　　加泰罗尼亚美术馆是巴塞罗那最大的美术馆，是为1929年巴塞罗那万国博览会而专门修建的。在这里珍藏着巴塞罗那自罗马时期以来各个历史阶段的艺术品，主要有罗马式壁画、罗马式祭坛画，还有木雕、石刻、舍丁艺术等，在这里可以看到各个教堂里的基督教壁画和富含伊斯兰风情的阿拉伯艺术品摆放在一起，这也是过去加泰罗尼亚地区东西方文化交融的最佳体现。

132

02 奥林匹克运动场

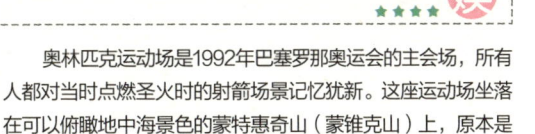

奥运会的主会场 ★★★★ 娱

Tips
- Pg.Olimpic s/n
- 乘地铁1、3号线在Espanya站下
- 93-292537
- ¥4.05欧元

奥林匹克运动场是1992年巴塞罗那奥运会的主会场，所有人都对当时点燃圣火时的射箭场景记忆犹新。这座运动场坐落在可以俯瞰地中海景色的蒙特惠奇山（蒙锥克山）上，原本是一座1929年建成的老体育场，经过扩建之后，不但保留了原体育场的古朴面貌，更是大幅更新了其中的设施。体育场的主席台顶，是一个40米宽、130米长的大穹顶，是世界上最大的主席台顶盖之一。

必玩 运动博物馆

介绍巴塞罗那奥运会的历史

运动博物馆就位于奥林匹克运动场入口旁，是为了纪念1992年的巴塞罗那奥运会而建的。博物馆里通过各种图片、实物等资料介绍了现代奥运会的诞生和发展历史，还循环播放1992年奥运会的精彩片段，让人们对这次奥运会印象深刻。

西班牙攻略

巴塞罗那·蒙特惠奇

03 蒙特惠奇公园

巴塞罗那的绿肺

Tips
📍 Sin determinar Montjuïc, España 🚇 乘地铁1、3号线在Espanya站下 📞 93-413240

蒙特惠奇山是巴塞罗那市内最重要的"都市氧吧"，山上的无数绿色植物给人们带来了新鲜的空气。在1929年的万国博览会与1992年的奥运会期间，这里建设了很多方便人们休闲的设施，形成了一个公园。人们可以沿着这里的道路依次经过神奇喷泉、国家宫、西班牙村、米罗基金会、奥林匹克运动场、蒙特惠奇城堡等名胜，饱览巴塞罗那最美的自然风光。

必玩 ★ 蒙特惠奇城堡

藏品丰富的军事博物馆

蒙特惠奇城堡是一座坐落于蒙特惠奇山上的中世纪城堡，曾经是巴塞罗那重要的军事要塞。如今这里已经是一处军事博物馆，展示了大量15世纪以来的各种武器、装备等，还能看到城堡上的各种防御设施，是军事迷们最喜欢的地方。

04 米罗美术馆 (75分!) 赏

米罗曾经的工作室 ★★★★★

Tips
- Parc de Montjuic s/n
- 乘地铁1、3号线在Espanya站下
- 93-443947
- ¥ 8.5欧元

米罗是和高迪、毕加索、达利等齐名的巴塞罗那著名艺术家,他一生创作了无数闻名世界的作品。这座美术馆就是米罗曾经的工作室,由他本人在20世纪连同自己的作品一起捐给了市政府,开辟成为美术馆。这里展出的画作大多为米罗在20世纪50~70年代所作,共有300多幅。除了米罗的作品外,这里还有很多年轻画家的画作,说不定不需要多久在他们中间又会诞生一个新的米罗。

05 米罗公园 赏

看米罗设计的精美雕塑 ★★★★

Tips
- Carrer d'Aragó, 1, 08015 Barcelona
- 93-368970

位于西班牙广场附近的米罗公园给人最深的印象就是"什么都没有",这里十分空旷,不像别的公园那样绿树遍地、鸟语花香。初来这里给人的第一印象通常不是那么美好。但是竖立在公园西北角那高高的雕塑却给人以极深刻的印象,这是著名艺术家米罗所设计的,名叫"女人与鸟",这座雕塑的色彩让人眼花缭乱,造型也别具一格,是这座公园最大的标志。

西班牙攻略 | 巴塞罗那·蒙特惠奇

135

06 西班牙村 (90分!)

展示西班牙的传统文化

Tips
- Avinguda Marquès De Comillas, 13, 08038 Barcelona, España
- 乘地铁1、3号线在Espanya站下
- 93-508630
- 7.5欧元

西班牙村是1929年万国博览会的一部分，当时主要是为了展示西班牙传统的手工艺和建筑文化。在万博会结束后，因为当地人十分喜欢这里，所以就被保留了下来。在这里可以看到很多西班牙传统建筑，它们造型各异，各具特色，一砖一瓦都充满了浓厚的伊比利亚风情。同时，在这里还能买到西班牙各种传统的手工艺品，有玻璃器皿、陶瓷、皮具等，让人感到不虚此行。

07 西班牙广场

- - - 巴塞罗那最大的广场

★★★★★ 逛

Tips
Plaza de España

西班牙广场是巴塞罗那最大的广场之一，这里最早是公开执行死刑的地方，因此在人们心目中并不是什么很好的地方。直到1929年，这里作为万国博览会的会场而被全世界人所瞩目，逐渐成为巴塞罗那最著名的景点之一。这里最大的看点当数两座高47米的威尼斯塔，这两座古罗马风格的高塔是广场上的标志，以它们为中心，四周分布着国家宫、米罗公园、竞技场等设施，是人们经常聚集的场所。

西班牙攻略

巴塞罗那·蒙特惠奇

西班牙
攻略HOW

Part.12
巴塞罗那其他

西班牙攻略

巴塞罗那其他

巴塞罗那其他 特别看点！

第1名！
毕加索美术馆！ 
100分！
★ 展示毕加索的众多真迹，欣赏艺术大师的作品！

第2名！
戈埃尔别墅！ 
90分！
★ 高迪早期的代表作，高迪的成名之作！

第3名！
诺坎普球场！ 
75分！
★ 巴塞罗那的足球圣殿，欣赏"梦之队"的精彩演出！

01 蒙特卡达街

巴塞罗那滨海最漂亮的街道

Tips
Carrer de Montcada,
08003 Barcelona, España

蒙特卡达街位于巴塞罗那的沿海区，是这里最漂亮的街道。这里拥有大片的古代商馆与贵族宅第，肃穆的大门和美丽的装饰都在向人们展现这些传统建筑的独特魅力，见证了这条大街作为巴塞罗那上流居住区的历史。除了众多的传统建筑外，这里还有毕加索美术馆等知名的旅游景点，成为游人们来到滨海区的首选去处。

140

02 海上圣母堂

● ● ● 巴塞罗那最华丽壮观的教堂之一　　★★★★ 赏

Tips
🏠 Placa de Santa Maria　🚇 乘地铁4号线在Jaumel站下　☎ 93-3102390

　　位于滨海区的海上圣母堂号称巴塞罗那最华丽壮观的教堂之一，始建于1329年，是一座加泰罗尼亚哥特式风格的建筑，是巴塞罗那少见的保留到现在的中世纪教堂。只要站在这座教堂的门口，就能感受到这里的高大和雄伟。走进教堂，站在那些六边形的高大石柱之下，自然光线从窗口直射下来，使得内部空间显得宽敞而明亮，一种神圣感油然而生。

03 三龙城堡

● ● ● 现代派建筑的代表作　　★★★★ 赏

Tips
🏠 Tres Dragones 08003 Barcelona, España　🚇 乘地铁1号线在Arc de Triomf站下　☎ 93-3196893　¥ 3.5欧元

　　三龙城堡位于城堡公园之中，建成于1888年，是著名的建筑师蒙达内尔的作品。建筑师根据剧作家索雷尔的作品，运用加泰罗尼亚红砖建造出了这一现代派建筑的代表作。城堡的屋顶是用漂亮的铁艺拱门支撑起来的，这在当时是一个创新的举动。这座城堡曾先后作为万国博览会的咖啡馆和市立音乐学院使用，如今则是动物博物馆，面向公众开放。

04 毕加索美术馆

展示毕加索的众多真迹 100分！ ★★★★★ 赏

Tips
📍 Calle Montcada 15-19　🚇 乘地铁4号线在Jaumel站下　☎ 93-2563000　¥ 9欧元

　　毕加索美术馆位于蒙特卡达街上的一条小巷之中，虽然藏得很深，但是依然游人如织，每天都有不少人为了领略这位艺术大师的风采而来到这里。这座美术馆建立在一座传统石头屋之上，共分3层，有44间大小展室。这里的展品大多都是毕加索捐赠给巴塞罗那市政府的，共有近500件，包括毕加索各个时期创作的真迹和复制品。

05 米拉勒之门

波浪般的墙壁 ★★★ 赏

Tips
📍 Passeig Manuel Girona 55　🚇 乘地铁3号线在Maria Cristina站下

　　米拉勒之门是高迪在他的好友安吉尔斯的邀请下设计建造的，原本这里有36段蜿蜒的墙壁，如今仅有正门和其附近的墙壁保留下来。其中墙壁和大门都呈不规则的波浪形，由陶瓷、瓷砖、灰泥等构成，好像一件印象派的绘画作品一样，充满了神奇的跃动感，是高迪天马行空般的设计理念的绝好体现。虽然这里早已变为残垣断壁，但是设计者的理念却是永恒的。

西班牙攻略　巴塞罗那其他

142

06 圣特蕾莎学院
收敛保守的天主教学校 ★★★★ 赏

Tips
🏠 Carrer de Ganduxer 85-105 🚊 乘FGC铁路列车在Les Tres Torres站下 ☎ 93-2123354

圣特蕾莎学院是一座天主教学校。1889年高迪开始接手设计这座建筑，他将建筑原有的内敛而不张扬的风格保留了下来，并且加入了自己的设计理念，使之成为一座十分耀眼的建筑。高迪使用了很多拱形结构，取代了廊柱的作用。在这里有很多摩尔风格的尖拱，与这里保守的风格十分相配，同时还有铁艺大门这样的高迪的标志性装饰物，融进了美观的要素。如今这里是不对外开放的，人们只能从外围一睹这座世界文化遗产的风貌。

07 戈埃尔公园
童话般的魔幻公园 ★★★★★ 赏

Tips
🏠 Ctra. del Carmel, Barcelona, España 🚇 乘地铁3号线在Lesseps站下 ☎ 93-2846200

戈埃尔公园位于巴塞罗那北部，这是巴塞罗那富商戈埃尔曾经想开辟的一块小区。他买下这处面积达20万平方米的土地后，便请来建筑大师高迪为这里设计建筑。高迪在这里工作了20年，建成了门房、中央公园、高架走廊和几个附属部分，如今欣赏这些建筑，依然让人惊叹不已。在这里不管是石级、石柱还是弯曲的石椅上都铺满了各色的马赛克，色彩绚丽壮观，好像置身在童话世界中一般。

08 贝利斯夸尔德
国王的夏宫

Tips
 Carrer de Bellesguard 16-20   乘地铁5号线在Diagonal站下

贝利斯夸尔德曾经是加泰罗尼亚最后一位国王的夏宫所在地，其名字的含义就是"美丽的景色"。后来当地一位富商购得此地，邀请高迪为他设计别墅。高迪果不辱使命，设计出一座足以流传后世的建筑。高迪在这里设计了很多哥特式的窗子，使整座建筑显得更为高大，光线更充足，同时在阳台、窗台等处拼贴出各种图案的马赛克，使这里更显出不少童趣。

09 高迪故居博物馆
美观与实用融为一体的居所

Tips
 Carretera Carmel,08024 Barcelona, España   乘地铁3号线在Lesseps站下
 93-2193811   ¥ 4欧元

高迪是巴塞罗那人们心目中的伟人，在这座城市里随处都能看到他留下的痕迹，很难想象这里如果没有高迪将会是什么样子。高迪故居博物馆位于戈埃尔公园之中，这里是高迪人生最后20年的居所。这座建筑也是高迪亲自设计的，无论是外观还是内部的装饰都充满了浓郁的高迪风格，将美观与实用融为一体。在博物馆里还有高迪的塑像和他生前所使用过的物品，展现了这位大师传奇的一生。

10 圣十字和圣保罗医院
蒙达内尔父子的杰作 ★★★★ 赏

Tips
📍 Sant Maria Claret 167-171, 08202 Barcelona, España 🚇 乘地铁5号线在Hospital de Sant Pau站下 ☎ 90-2076621

圣十字和圣保罗医院是西班牙著名建筑师蒙达内尔和他的儿子一起设计建造的，由6个中世纪的小医院组合而成，其建筑则是在20世纪完成的。在这个建筑群落上，所有楼房均用彩色马赛克拼贴出美丽的图案，色彩绚烂多变，其中48间病房通过地下通道相连，让人更觉得这里像是中世纪的城堡一般。如今这里早已没有了医院的功能，被改建成了博物馆和文化中心，并于1997年列入世界文化遗产名录。

11 维森斯之家
高迪的初出茅庐之作 ★★★★ 赏

维森斯之家是高迪初出茅庐时的作品，建于1888年。这座建筑最大的特点就是将阿拉伯风格充分发挥了出来，线条修长，并用彩色的瓷砖拼出花纹和图案，圆顶的塔楼具有浓郁的伊斯兰风情。在建筑四周还种上了很多棕榈树，摇曳的棕榈树叶和一边的棕榈形铁艺栅栏交相辉映，让人眼花缭乱。据说建造这座建筑时预算节节高升，差点把出资者弄到破产边缘。

Tips
📍 Carrer de les Carolines, 18, 08012 Barcelona, España 🚇 乘地铁3号线在Fontana站下

西班牙攻略 巴塞罗那其他

145

12 诺坎普球场 75分!

巴塞罗那的足球圣殿 ★★★★★ 娱

Tips
Estadio Nou Camp, Carrer d'Arístides Maillol, 08028 Barcelona, España　乘地铁5号线在Collblanc站下　90-2189900　7欧元

说起诺坎普球场，人们一定会想到如今天下无敌的巴塞罗那队。这座能容纳10万人的球场是巴塞罗那人心目中的伟大圣殿，为他们带来过无限的荣耀。已经有50多年历史的诺坎普球场至今一直是世界足坛的焦点，伴随着巴塞罗那队获得了无数奖杯，让全世界的球迷为之疯狂。这座球场设施先进，可以承办各种大型足球赛事。现在这里不但举行足球比赛，还对游人开放，情侣们甚至还可以在这里举行婚礼，获得俱乐部球星们的祝福。

13 提维达波山

风光秀丽的郊游胜地 ★★★★ 玩

Tips
Plaza Tibidabo, 3-4, 08035 Barcelona, España　乘地铁7号线或近郊铁路在Av. Tibidabo站下　93-2117942　22欧元

提维达波山位于巴塞罗那北侧，是科伊塞罗拉山的最高峰。因为这座山上自然风光秀美，因而成为巴塞罗那人日常郊游的首选去处。在山顶高高耸立着一座圣心大教堂，教堂顶端矗立着一座耶稣像，远远望去显得十分神圣。在耶稣像下有一个瞭望台，从这里可以俯瞰巴塞罗那全城风光。同时，在山上还有一座被称为"感觉之园"的游乐园，每年都会不断更新其中的设施，是孩子们最喜欢的游玩胜地。

14 圣母玛利亚·贝德拉贝斯修道院
加泰罗尼亚哥特风格 ★★★★ 赏

Tips
📍 Baixada del Monestir, 9, 08034 Barcelona, España 🚇 乘地铁3号线在Mariacristina站下 ☎ 93-2039282 ￥ 3欧元

圣母玛利亚·贝德拉贝斯修道院建于14世纪，是一座典型的加泰罗尼亚哥特式建筑，既有高大的塔楼，在细节方面也做得很是精细。这里数百年来一直保持着清静无为的宗教作风，使得修道院里显得十分幽静。在修道院里收藏着很多西班牙土生土长的艺术家的艺术作品，其中一大部分是著名收藏家波内米萨的收藏品，此外还有文艺复兴时期的绘画与雕刻。

15 戈埃尔别墅 90分！
高迪早期的代表作 ★★★★★ 赏

Tips
📍 Eusebi Güell, 5, 08830 Sant Boi De Llobregat, España 🚇 乘地铁3号线在Palau Reial站下 ☎ 93-6300073

戈埃尔别墅是高迪早期的代表作，这是当时巴塞罗那著名的银行家戈埃尔周末度假的地方。这座建筑充满了阿拉伯建筑的穆德哈尔风格，运用大量彩色瓷砖作为装饰，线条放纵而舒展。特别是正面的铸铁大门"龙之门"，通过豪华的装饰反映出主人高贵的身份。高迪因为这座建筑而获得戈埃尔赏识，从此走上了建筑巨匠的道路。

西班牙攻略 | 巴塞罗那其他

16 戈埃尔纺织村

保存最好的西班牙古村 ★★★★★ 逛

Tips
- Colonia Guell S.A, 08690 Santa Coloma de Cervello, Barcelona
- Pl.Espanya火车站乘S4、S8、S33线FGC铁路列车到Colonia Guell站下
- 93-6305807
- 5欧元

戈埃尔本人是一个纺织商人，他在1881年委托好友高迪在巴塞罗那郊区的纺织工业区设计建筑。而高迪也不辱使命，带领弟子们将他的设计理念完全发挥了出来。戈埃尔纺织村主要包括一个大型的纺织工厂，一大片住宅区以及一座教堂，是西班牙古代村镇保存最完好的地方之一。这里的建筑大多以红砖作为建材，通过不同的堆砌方法营造出令人眼花缭乱的效果，让人不得不佩服高迪在几何学等方面的天才。

★ 必玩 小教堂
纺织村中最著名的建筑

小教堂是戈埃尔纺织村中最著名的建筑，这座教堂只有地下室是高迪亲自完成的，其余部分均为他的弟子所作。在这里高迪首次尝试了使用吊沙袋来计量建筑，在建筑设计史上开了先河。

17 达利美术馆

纪念超现实主义的绘画大师 ★★★★ 赏

Tips
- Pujada Castell, 28, 17600 Figueres, España
- 巴塞罗那乘火车在菲格拉斯站下
- 97-2677500
- 11欧元

达利美术馆位于巴塞罗那郊外，是以西班牙近代最具影响力的艺术大师达利的名字命名的。令人意外的是，这座博物馆居然建在一座剧场的基础之上。据说这里是世界上最大的超现实主义风格集中展示的博物馆，馆里收藏了超过4000件达利在各个时期所创作的作品，将达利强烈的艺术风格和无穷无尽的想象力展现了出来。在参观这里的时候，人们需要从各种角度来看作品，每变换一个角度，都能有意外的发现。达利本人于1989年去世后，便长眠在美术馆的地下室中。

★ 必玩 风之宫
仰望天花板上的壁画

风之宫位于达利美术馆内，是达利亲自设计的一处居住空间，包括客厅、卧室和画室三个部分。在这里有一大奇景，很多游客都会躺在地上，原来在这里的天花板上有一幅壁画，需要躺在地上才能观看。因此很多人为了一睹这幅精美的壁画，不惜在地上躺很久。

18 蒙瑟瑞特山

拥有很多修道院的山 ★★★★★ 赏

Tips
🚉 Pl.Espanya火车站乘R5列车在Monistrol de Montserrat站下 ☎ 93-8777766

蒙瑟瑞特山在西班牙语中是"锯齿山"的意思，这座海拔1200多米的山距离巴塞罗那38公里，长10公里，宽5公里。如果光从山势来看，这里平淡无奇，不过山上多雾，人们驾车上山经常可以看到浓雾夹杂阳光显现的场景。早在公元9世纪，这座山上便已经建起了很多座修道院，为这座山平添了不少神圣氛围。

★ 修道院
各种风格的修道院

蒙瑟瑞特山上的修道院可以说是一景，在9世纪时就已经有4座规模较大的修道院。11世纪时这里传出了圣母玛利亚显灵的神迹，因此人们在这里修建了规模最大的圣母修道院。在这座修道院里有一尊特别精美的圣母像，塑像的脸部和手部在长年的氧化作用下显现黑色，独具特色，因此排队参观的人络绎不绝。

19 波布雷特修道院

作为宗教中心的世界遗产 ★★★★★ 赏

Tips
🏛 Carrer de l'Abadia, 43448 Poblet, España
🚉 Passeig de Gracia火车站乘地方列车在L'Espluga de Francoli站下 ☎ 97-7870089 ¥ 6欧元

波布雷特修道院是巴塞罗那的世界文化遗产之一。这座建筑始建于1150年，14世纪达到繁荣的顶峰，其所辖的范围甚至覆盖了7个公爵的领地，是当时统治这里的阿拉贡王国的宗教中心，也是其王室的陵墓所在。这座修道院气势宏伟，装饰精美，尽显王室的霸气和威严。从修道院中图书馆的丰富藏书可以看出这里丰厚的财力和巨大的影响力。

西班牙
攻略HOW

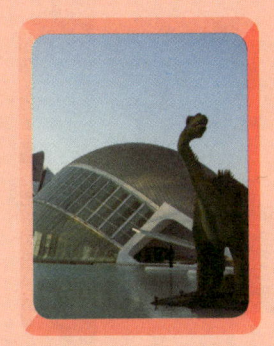

Part.13 瓦伦西亚

地处西班牙东南部的瓦伦西亚拥有迷人的沙滩和一年四季充足的日照，是地中海沿岸一颗璀璨的明珠。历史悠久的瓦伦西亚如今是西班牙第三大城市，这座古色古香的城市每年都会在F1大赛和闻名世界的火祭、番茄大战等节日之际点燃激情。

西班牙攻略 | 瓦伦西亚

瓦伦西亚 特别看点！

第1名！
瓦伦西亚丝绸交易中心！
100分！

第2名！
瓦伦西亚大教堂！
90分！

第3名！
孤苦圣母教堂！
75分！

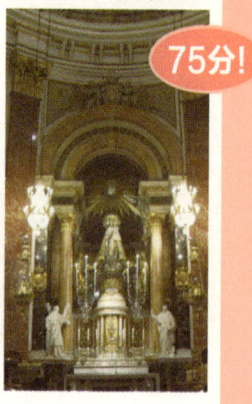

★ 瓦伦西亚的地标式建筑，曾经是欧洲最重要的交易中心之一！

★ 瓦伦西亚最有名气的景点之一，参观历史悠久的水利法庭！

★ 华美的巴洛克式教堂，火祭的举办地！

---

01 瓦伦西亚大教堂 （90分！）
瓦伦西亚最有名气的景点之一

★★★★★ 赏

Tips
🏛 Plaza de la Reina, 46003 Valencia, España ☎ 963-918127 💰 4欧元

　　瓦伦西亚大教堂是一座建于13世纪的大教堂，它以巴洛克式风格为主，融合了古罗马、哥特等多种建筑风格，因而极具观赏价值，是一处不可错过的名胜。这座大教堂的正门是一座气势宏伟的古罗马式建筑，而它的南门则拥有华丽的巴洛克式风格，高大庄严的北门则采用了险峻的哥特式风格。

152

必玩 ★ 水利法庭
有1000多年历史的仪式

在使徒门前举行的水利法庭每周四12:00开庭，在当地已有1000多年历史，法庭上8位穿着威严的法官为农民裁决灌溉用水的申诉，虽然现今已经成为一项表演，但在旧时却是独一无二的一项权威裁决。

02 孤苦圣母教堂 〔75分!〕
华美的巴洛克式教堂 ★★★★ 赏

Tips
📍 Pl. de la Virgen　☎ 963-918611　💶 4欧元

孤苦圣母教堂是瓦伦西亚诸多圣母教堂中最为华美的一座，它的建造历史可以追溯到17世纪。走进这座教堂可以看到粉色的墙壁与那巨大的圆形穹顶，大门处屋檐上的各种装饰也极为精美，它们的造型千变万化，各种优美的线条组合成一幅幅动人的图案。每年的3月18日，这里会举行盛大的火祭节活动，吸引了世界各地的游客前来观光。

西班牙攻略　瓦伦西亚

153

03 瓦伦西亚中央市场

热闹喧嚣的大市场

★★★ 逛

Tips
📍 Plaza del Mercado, 1, 46001 Valencia, España ☎ 963-829100

中央市场是瓦伦西亚人流量最大的市场，它的整体造型精美，不同色彩的构件和玻璃让它在阳光的照射下显得绚丽无比。这个市场是一个综合性大市场，最为热闹的是它的美食街，在那里既能买到各种刚刚捕捞上来的海产品与散发着淡淡香味的新鲜水果，也能在两侧的餐厅中品尝不同风味的西班牙美食。

04 现代美术馆

展出西班牙现代艺术品的展馆

★★★★ 赏

Tips
📍 Guillem de Castro 118　🚌 乘5号公共汽车在Guillem de Castro站下　☎ 963-863000　💰 2欧元

现代美术馆建于20世纪80年代末，自建成后就是瓦伦西亚最著名的展馆之一，深受热爱艺术的游人们的好评。这个展馆经常展出来自世界各地的当代艺术家的作品，那些充满前卫风格的先锋作品常常令人惊叹不已。

05 瓦伦西亚丝绸交易中心 (100分!)

瓦伦西亚的地标式建筑 ★★★★★ 赏

Tips
C/Conde de Almodovar,4 Valencia, España ☎ 963-525478

瓦伦西亚丝绸交易中心是一座古老的哥特式建筑，它在建成后的很长一段时间内都是欧洲重要的交易中心之一，因此被联合国教科文组织列为世界文化遗产。漫步在丝绸交易中心内，首先映入眼帘的是那8根巨大廊柱，它们有着简朴典雅的风格。这里的功能区域很多，既有用于进行商业仲裁的毛石平台，也有关押债务人的监牢。

06 塞拉诺城楼

位于城市中心的古老城楼 ★★★★★ 赏

Tips
Plaza del Mercado, 1, 46001 Valencia, España 乘2、5、6、8、11、16、26、28、29、36、80号公共汽车在Torres de Serranos站下 ☎ 963-919070 ¥ 2欧元

塞拉诺城楼是瓦伦西亚古城墙残留的遗迹之一，它位于老城区的北侧，是一座气势宏伟的建筑。这座城门高大坚固，门洞上方还装饰着精美的花纹图案，大门上的斑驳痕迹是历史的见证。塞拉诺城楼在遍布现代建筑的城区中，是一个极富魅力的景点。

西班牙攻略 | 瓦伦西亚

07 国家陶艺博物馆

● ● ● 收藏各种陶瓷物品及艺术品的展馆

★★★★ 赏

Tips
🏠 Poeta Querol,2 ☎ 963-516392

国家陶艺博物馆是由一座历史悠久的巴洛克式建筑改建而来的，有着华美的风格和恢弘的气势。这座博物馆搜集了瓦伦西亚辖区内各个陶瓷生产地制造的各种陶瓷精品，既有普通的生活用具，也有精美的艺术品，它们根据自己的特点在不同的展馆展出，常常引得游人驻足观看。该博物馆的镇馆之宝是经毕加索签名的瓷器。

08 瓦伦西亚艺术科学城

● ● ● 老城中的现代建筑

★★★★★ 赏

Tips
🏠 Avenida del Instituto Obrero de Valencia, 46013 Valencia, España ☎ 963-100031

瓦伦西亚艺术科学城是这座古老城市中最具魅力的现代建筑群，一座座别出心裁却又造型精美的场馆耸立在池塘边，并与周边环境巧妙地融合起来。被巨大的拱形透明罩所覆盖的天文馆是这里最具科幻色彩的建筑，骨架纵横交错的菲利普王子科学宫让人惊叹不已，海洋世界则是全西班牙最好的海洋公园。

西班牙攻略 瓦伦西亚

09 火祭博物馆
展出各种节日物品的地方 ★★★ 赏

Tips
📍 Av de San José Artesano, 17, 46025 Valencia, España 🚌 乘15、95号公共汽车在Alcalde Reig站下 ☎ 963-525478 💰 2欧元

火祭节是瓦伦西亚传统的民俗节日，而火祭博物馆就是展出与这个盛大节日相关的资料的地方。来到这里的游客们可以了解到这个节日的发展缘由，并欣赏根据不同节日主题而制作出的各种人偶，从古老的纸质人偶，到现在各种材质的人偶，应有尽有。博物馆里展出的人偶造型精美，匠心独运，都是不可多得的艺术品。

10 拉阿尔武费拉湖
风景优美的沼泽湖 ★★★★★ 赏

Tips
📍 瓦伦西亚以南12公里

拉阿尔武费拉湖是西班牙最知名的风景名胜区之一，这里的沼泽湖区一望无际，是一个旅游休闲和品尝美食的好地方。这片地域据传是西班牙海鲜饭的发源地，因此在附近的村庄可以品尝到原汁原味的此种佳肴。游览拉阿尔武费拉湖的最佳方式是乘船前行，传统的民居建筑BARACCA会让来到这里的游客体会到独特的渔民生活。

西班牙攻略 瓦伦西亚

西班牙
攻略HOW

Part.14 马略卡

地处瓦伦西亚以东的马略卡岛风景优美，自古以来就是欧洲知名的度假胜地，音乐家肖邦、女作家乔治·桑，以及艺术家米罗等名人都曾在岛上留下足迹。

西班牙攻略 马略卡

马略卡 特别看点！

第1名！
帕尔马大教堂！
100分！
★古城帕尔马的标志性景点，气势宏伟的大教堂！ 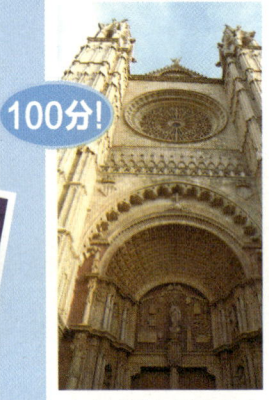

第2名！
米罗基金会！
90分！ 
★收藏一代艺术大师米罗作品的博物馆！

第3名！
帕尔马旧城区！
75分！ 
★充满怀旧氛围的老城区，马略卡岛最有魅力的地方。

01 帕尔马大教堂 (100分!)
古城帕尔马的标志性景点 ★★★★★ 赏

建于13世纪的帕尔马大教堂，是一座气势宏伟的大教堂，在全世界的所有哥特式建筑中都是名列前茅的。这座整整400年才全部完工的大教堂，是古城帕尔马中最为著名的建筑，已经成为当地的城市象征。帕尔马大教堂里的高大尖塔是它最为引人注目的景点，因为它是全世界第三高的哥特式尖塔，殿堂内部的装饰也极为华丽。

Tips
📍 Plaza de Almoina, S/N, 07001 Palma (Mallorca), España ☎ 971-723410 💰 4欧元

160

02 帕尔马旧城区 75分！
充满怀旧氛围的老城区 ★★★★★ 逛

Tips
📍 Palma de Mallorca Old Town
☎ 934-121287

帕尔马旧城区是西班牙著名的旅游胜地，它也是马略卡岛上最具魅力的景区之一。古城区内的老建筑保存完好，漫步在大街小巷的游客们可以感受逝去了的中世纪的时代氛围。帕尔马旧城区的占地面积虽然不大，各处建筑稍嫌拥挤，但也能使来到这里的人们感受到独特的海岛风情。岛上的观光马车是游客们欣赏城区美景的良好交通工具。

03 贝尔维古堡
马略卡岛上保存最为完好的城堡 ★★★★ 赏

Tips
📍 Carre Camilo José Cela, 17, 07014 Palma (Mallorca), España ☎ 971-730657 ¥ 1.8欧元

贝尔维古堡是一座保存完好的古老城堡，其独特之处在于它是一座西班牙罕见的圆形哥特式城堡。这座城堡自古以来就是名流贵族的度假胜地，后来则成为帕尔马市的历史博物馆及德斯布伊格古典雕塑博物馆，来到这里的旅游者们能够看到许多珍贵的展品。贝尔维古堡周围环境优美，游客们在这里能够看到波澜壮阔的大海。

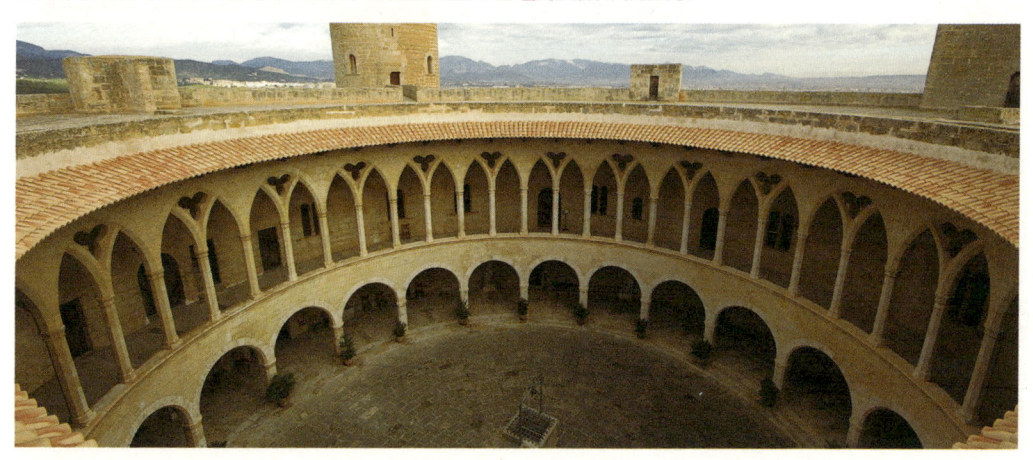

西班牙攻略 马略卡

161

04 米罗基金会 (90分!)

收藏一代艺术大师米罗作品的博物馆

★★★★★ 赏

Tips
- Carrer de Joan de Saridakis, 29, 07015 Palma, España
- 乘3、6路公共汽车可达
- 971-701420

西班牙艺术大师米罗的最后人生岁月是在马略卡岛上度过的，因此这里兴建了一个纪念他的展馆，这里同时也是收藏这位大师作品数量最多的博物馆。来到这里的游客们除了能够看到大师的绘画作品外，还能看到他的雕刻、纺织品、版画、海报、素描等其他类型的艺术作品。这个展馆还经常举办当代艺术家的作品展览。

05 瓦德摩沙

风景秀丽的旅游胜地

★★★★★ 逛

Tips
- Carrer de Palau Reial 9
- 帕尔马火车站乘巴士在瓦德摩沙站下

瓦德摩沙是一处充满田园风情的旅游胜地，这里空气清新，曾是大音乐家肖邦疗养的地方。这是一个淳朴的地中海小镇，那些古老的建筑保存完好，至今仍在使用，漫长的岁月并没有令这里的生活环境发生多少改变，平静朴素的氛围令游人赞叹不已。瓦德摩沙最大的特点是绿化良好，房前屋后林木葱茏，鲜花盛开。

必玩 卡修森修道院
古老的哥特式修道院

始建于14世纪的卡修森修道院是一座哥特式建筑，它在整个马略卡岛上也颇有名气。这座教堂的殿堂众多，既有华美典雅的雅桑乔国王宫，也有高大挺拔的哥特式尖塔。

06 索列尔
古老的地中海小镇

Tips
🏠 Soller 🚉 帕尔马Ferrocarril de Soller车站乘火车可达

索列尔是一个港口小镇，因为这里靠近法国，所以与别的城镇大不一样。漫步在小镇内，最先映入眼帘的是那无处不在的有轨电车及其轨道，这在马略卡岛上是较为少见的。索列尔的历史悠久，不同时代的建筑应有尽有，古老的阿拉伯建筑让人惊叹不已，哥特式建筑更是随处可见，而近现代的法式建筑让这里充满了法兰西风情。

西班牙攻略 马略卡

163

07 波连萨

● ● ● 被山丘环绕的小城

★★★★ 逛

Tips
- Pollenca
- 帕尔马火车站乘巴士在波连萨站下

位于马略卡岛北部的波连萨是一座充满淳朴风情的小城，该岛的最高峰马约尔峰也在此处。这里最著名的建筑当数古老的哥特式大教堂，它是赫赫有名的圣殿骑士团所残存的遗迹之一。波连萨最吸引人的地方还是这里的自然风光，站在那些可以看到波澜壮阔的大海的山崖上，会令人心潮澎湃，不能自已。

必玩 ★ 马约尔峰
马略卡岛上的制高点

马约尔峰位于波连萨小城的郊区，这里环境秀丽、林木葱茏，是欣赏大自然美景的好地方。人们攀上马约尔峰顶不但能饱览海天一色的壮观景象，还能俯瞰淳朴典雅的小镇风光。

08 梅诺卡岛

充满传奇色彩的岛屿 ★★★★

> Tips
> 🚗 巴利阿里群岛的东北部　✈ 帕尔马机场乘航班在马翁国际机场下

梅诺卡岛是巴利阿里群岛中最具传奇色彩的岛屿，这里的船形史前墓、T形巨石遗迹和巨石碑，都是考古学上很有价值的史前遗迹，因此吸引了不少游客的目光。岛上的古迹主要集中在休达德拉，这里充满着悠闲氛围，适合漫步旅行，各种有趣的民俗活动也让人们开心不已。马翁是梅诺卡岛的首府，是一个充满英国风情的小城。

圣玛利亚教堂

马翁的标志性景点

圣玛利亚教堂是马翁气势最为宏伟的宗教建筑，是这里的信徒活动中心。这座教堂拥有一个高大的哥特式尖塔，它已成为这座城市的象征之一。

必玩 ★ 马翁市政厅
马翁市的管理机构所在地

马翁市政厅是马翁市政府的所在地，早在英国人统治时期，这里就是当地的政治中心。该景区只开放部分房间供游人参观，最著名的景点当数悬挂当地名人画像的会议厅。

09 伊维萨岛
曾经战火纷飞的岛屿 ★★★★ 逛

Tips
- 巴利阿里群岛最东端
- 帕尔马机场乘航班在伊维萨市机场下

风景秀丽的伊维萨岛是距离西班牙本土最近的岛屿，因此在历史上曾多次成为进攻西班牙的跳板，岛上至今仍残留有不少战争的遗迹。来到这里的旅行者可以看到迦太基人留下的各种文物，也能看到古罗马时代的各种痕迹，阿拉伯人在公元7世纪时修建的阿尔穆德纳城堡，被很好地保存至今。

10 福门特拉岛

被碧海蓝天所环绕的度假胜地

Tips
- 巴利阿里群岛的最南端
- 从伊维萨岛乘船即可到达福门特拉岛

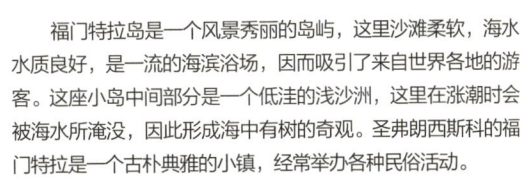

福门特拉岛是一个风景秀丽的岛屿，这里沙滩柔软，海水水质良好，是一流的海滨浴场，因而吸引了来自世界各地的游客。这座小岛中间部分是一个低洼的浅沙洲，这里在涨潮时会被海水所淹没，因此形成海中有树的奇观。圣弗朗西斯科的福门特拉是一个古朴典雅的小镇，经常举办各种民俗活动。

西班牙攻略 马略卡

167

西班牙
攻略HOW

Part.15
塞维利亚

地处西班牙南部安达卢西亚自治区的塞维利亚曾经是大航海时代地中海沿岸的重要港口。作为弗拉门戈舞的发源地，充满激情和阳光的塞维利亚是卡门、唐·璜、费加罗的舞台，演绎了无数悲喜交加的故事。

西班牙攻略 | 塞维利亚

塞维利亚 特别看点！

第1名！ 塞维利亚大教堂！ 100分！
★ 气势雄伟的哥特式大教堂，哥伦布长眠之地！

第2名！ 塞维利亚王宫！ 90分！ 
★ 历史悠久的王宫，融合多种建筑风格的宫殿！

第3名！ 塞维利亚圣十字区！ 75分！
★ 充满旧时气息的城区，保存完好的古街区！

01 塞维利亚大教堂 (100分！)
气势雄伟的哥特式大教堂　★★★★★ 赏

Tips
🏠 Avenida de la Constitución, S/N, 41001 Sevilla, España 🚌 圣胡斯塔火车站乘70或C1号公共汽车在圣塞巴斯蒂安普拉多巴士总站下　☎ 954-4214971　¥ 8欧元

塞维利亚大教堂是全世界最为壮观的哥特式大教堂之一，与梵蒂冈圣彼得大教堂、伦敦圣保罗大教堂一同被称为世界三大教堂，是著名的世界文化遗产。这里拥有5座气势雄伟的哥特式殿堂，墙壁上有精美的花纹和雕像，希拉达塔是这里的制高点，它是过去位于此处的伊斯兰清真寺的仅存部分。塞维利亚大教堂里的景物很多，既有雕刻精美浮雕的祭坛，也有众多名人的墓地。

必玩 01 哥伦布灵柩
大航海家哥伦布的墓葬

发现美洲的航海家哥伦布的墓地就在这里，里面安放着他的遗骸。这座石棺的造型独特，上面雕刻着西班牙历史上4个古国的骑士们抬起哥伦布灵柩的浮雕。

必玩 02 希拉达塔
历史悠久的高塔

98米高的希拉达塔曾经是塞维利亚最高的建筑物，游客们仍能看到塔身上的阿拉伯风格的装饰，塔上还有瞭望台可供游人俯瞰这里的城市风光。

西班牙攻略 ▸ 塞维利亚

02 塞维利亚王宫

历史悠久的王宫

90分!

★★★★★ 赏

Tips
- 🏠 Patio de Banderas s/n
- 🚌 圣胡斯塔火车站乘普拉多巴士可达
- ☎ 954-502324
- ¥ 5欧元

始建于12世纪的塞维利亚王宫,是欧洲现存的诸多王宫中历史最为悠久的一座,历时500多年才全部竣工,因此融合了多种建筑风格,具有很高的观赏价值。这里的景物很多,那些华美的穆德哈尔式建筑是在别处较为少见的。各处庭院里林木葱茏,鲜花盛开,还有精美的雕像,走进殿堂内部能看到各种精彩的艺术作品。

03 慈善医院

塞维利亚的古老医疗机构

★★★★ 赏

Tips
- 🏠 Carrer Temprado 3
- ☎ 954-223232
- ¥ 5欧元

开设于15世纪的慈善医院是一个为贫困孤寡老人进行治疗的慈善医疗机构,建筑历史悠久。这座医院的附属教堂是当地的胜景之一,它的装饰风格典雅大方,但是最吸引人的是那些知名画家所创作的作品。这些画作基本都是以博爱和慈善为题材,具有打动人心的力量。

04 塞维利亚大学
西班牙的知名学府

Tips
Carrer de S.Fernando 4, 41004 Sevilla, España ☎ 954-551000

塞维利亚大学是一所建于16世纪的高等学府，是西班牙最为古老的大学之一，历史上曾培养出无数杰出人才。漫步在充满青春与活力的校园内，可以看到许多古老的建筑物，其中以巴洛克风格的法学部最为精美。这座建筑历史悠久，而且很有些传奇色彩，还是著名小说《卡门》的场景地之一。

05 皇家骑士斗牛场
塞维利亚的重要斗牛场

皇家骑士斗牛场是西班牙最重要的斗牛场之一，它的场地很大，可以同时容纳1万多名观众观看精彩的演出。这座用了100多年的时间才建成的大型场馆，有着宏伟的气势，各式装饰也极为精美。皇家骑士斗牛场还有一个附属的展览馆，里面介绍了斗牛运动的历史，还展出不少与斗牛士相关的物品。

Tips
Paseo de Cristóbal Colón, 12, 41001 Sevilla, España ☎ 954-224577
¥6欧元

西班牙攻略 塞维利亚

西班牙攻略 塞维利亚

06 玛利亚·路易莎公园
历史悠久的城市公园 ★★★★ 玩

Tips
📍 Paseo de las Delicias, s/n, 41013 Sevilla España　🚌 乘6、24、34、53、C-1、C-2路公共汽车在玛利亚·路易莎公园站下　☎ 954-221404

玛利亚·路易莎公园原本是西班牙的王室花园之一，后来在19世纪末被改造为一处公共花园。这处花园的景色优美，各种景观一应俱全，还曾经做过伊比利亚-拉丁美洲博览会的会场，当时兴建的3座风格独特的场馆，至今仍完好地保存了下来，现改辟为博物馆供人参观。

必玩 ★ 美洲广场
博物馆聚集的广场

美洲广场位于玛利亚·路易莎公园的南部，是以博物馆云集而扬名的。这里3座博物馆拥有不同的建筑风格，被改造为塞维利亚省立考古博物馆和民俗博物馆。

174

西班牙广场
必玩 ★ 景色优美的广场

西班牙广场是玛利亚·路易莎公园最重要的景点之一。它的独特之处在于，有一个弧形水道将广场与周围建筑分隔开来。广场附近可供游玩的地方很多，其中以军事博物馆最值得一游。

07 塞维利亚圣十字区 75分！
充满历史气息的城区 ★★★★★ 逛

Tips
🏛 Barrio de Santa Cruz 🚌 乘21、22、23、25、26、30、41、42、C-3、C-4路公共汽车可达

塞维利亚圣十字区是这座城市保存古老建筑最为完好的街区，里面会聚了大量的15、16世纪的建筑，是一个时代的缩影。这里的气氛幽静，漫步在狭窄的街道上能够感受到沉淀在这里的古老气息。圣十字区是塞维利亚的著名旅游景区，大教堂、王宫以及西印度群岛档案馆等景点都在这一区域内。

西班牙攻略 塞维利亚

175

08 塞维利亚美术馆
塞维利亚的艺术中心

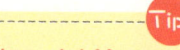

Tips
Plaza del Museo, 9, 41001 Sevilla, España　954-220790　¥1.5欧元

塞维利亚美术馆是西班牙第二大艺术展馆，里面收藏着许多西班牙大师的艺术作品，是陶冶情操的好地方。这个展馆的历史悠久，展厅众多，早在1838年它就对外公开展出收藏的艺术作品了。来到塞维利亚美术馆的参观者们可以看到创作于不同时期的西班牙本土艺术作品，尤其以中世纪及近现代的作品居多。

09 彼拉多之家
精致华美的古代建筑

Tips
Plaza de Pilatos, 1, 41003 Sevilla, España　954-225298　¥8欧元

这座历史悠久的建筑曾是安达卢西亚自治区的总督府，以文艺复兴式建筑风格为主体，并融合了阿拉伯、哥特、巴洛克等其他建筑风格的特点，散发着难以言喻的独特魅力。这座建筑极为精致典雅，各处装饰也都是让人赞叹不已，院内的天井里还有一个小型喷泉，附近的雕像则是精美的艺术品。

10 西尔皮斯街

塞维利亚最为繁华的商业街

★★★★ 逛

Tips
📍 Calle Sierpes Sevilla, España

西尔皮斯街是一条店铺林立的商业街,它的历史悠久,在塞维利亚很有名气。这条街道上热闹非凡,既有在此购物的当地市民,也有前来购买纪念品的外地游客,那些很有地方特色的手工艺品,一直畅销不衰。西尔皮斯街上还有供人休闲的咖啡馆。

11 西印度群岛档案馆

收集历史资料的档案馆

★★★★ 赏

Tips
📍 El Archivo de Indias, 41001 Sevilla, España　🚋 乘有轨电车T1路在西印度群岛档案馆站下　¥ 1.5欧元

西印度群岛档案馆的历史悠久,这里收集了大航海时代前后的众多资料,是了解那段历史的绝佳场所之一。这个展馆里收藏有哥伦布发现美洲大陆时的手稿和文件资料,以及麦哲伦、埃尔南·克尔特斯等西班牙冒险家的资料。西印度群岛档案馆还是收集早期拉美地区开发资料最为丰富的地方。

西班牙攻略　塞维利亚

西班牙
攻略HOW

Part.16
安达罗西亚·科尔多瓦

曾经在古罗马帝国时代作为西班牙首都的科尔多瓦历史悠久，在摩尔人占领期间城市内修建了大量清真寺，现今在科尔多瓦依旧可以看到为数众多的伊斯兰风格建筑，这是一座充满异域风情的城市。

安达卢西亚·科尔多瓦 特别看点！

西班牙攻略

安达罗西亚·科尔多瓦

第1名！
科尔多瓦大清真寺！ 100分！
★ 西班牙最大的伊斯兰教建筑之一，伊斯兰教文化与基督教文化并存的独特建筑！ 

第2名！
犹太街区！ 90分！ 
★ 景色优美的街区，科尔多瓦著名的街区！

第3名！
科尔多瓦天主教国王城堡！ 75分！ 
★ 古老的城堡，一个时代的象征！

---

01 科尔多瓦大清真寺 (100分) 赏

● ● ● 西班牙最大的伊斯兰教建筑之一　★★★★★

Tips
🏠 Calle Torrijos 10
☎ 957-470512　¥ 8欧元

科尔多瓦大清真寺修建于8世纪末，曾几经扩建，是倭马亚王朝统治地区的重要宗教中心之一。这座建筑以阿拉伯风格为主，但又不乏文艺复兴时期的基督教建筑的特点，令人赞叹不已。清真寺内的装饰精美，既有高大的尖塔，也有半圆形的拱门，那些典雅华贵的大理石柱是这里的又一大看点。

180

必玩 01 免罪之门
穆德哈尔式风情的大门

免罪之门是科尔多瓦大清真寺的出口，这座洋溢着穆德哈尔式风情的大门建于1377年，据说穿过这座大门的信徒所犯下的所有罪孽都会得到宽恕。

必玩 02 维拉维西奥萨礼拜堂
清真寺内修建的礼拜堂

阿方索十世从摩尔人手中夺回科尔多瓦后下令修建的维拉维西奥萨礼拜堂建于1371年，是首座出现在清真寺内的礼拜堂。

必玩 03 百花巷
色彩缤纷的小巷

毗邻科尔多瓦大清真寺的百花巷曾经是犹太人的聚居地，沿街两侧白色的墙壁上装点着色彩缤纷的鲜花，故而得名。

02 安达卢西亚之家

展示哈里发统治科尔多瓦时期的风光

★★★★ 赏

Tips
- Calle Juderios 火车站乘3号巴士可达
- 957-290642 ¥ 3欧元

毗邻犹太教堂的安达卢西亚之家内有一座美丽的喷泉，四周点缀着五颜六色的鲜花，游人穿过阿拉伯风情的摩尔拱廊可看到一架架使用传统工艺的造纸机器，据说科尔多瓦是欧洲第一座掌握造纸技术的城市。在安达卢西亚之家内，各种建筑、展品无一例外地充满浓郁的摩尔风情，仿佛时光倒回到哈里发统治的12世纪。

03 小马广场

热闹喧嚣的商业中心

★★★★ 逛

Tips
- Plaza del Potro Córdoba，España

小马广场是科尔多瓦最为热闹的商业中心之一，也是当地的著名景点。这座广场上的景点很多，既有作为当地象征的小马雕像，也有大文豪塞万提斯曾经住过的旅店，附近还有多家艺术展馆，也十分值得前去观看。小马广场还是每年3月举行民俗活动的主要场地，那些丰富多彩的活动会给游客们带来无限欢乐。

必玩 科尔多瓦美术馆

展品众多的美术馆

科尔多瓦美术馆是安达卢西亚自治区收藏艺术品最多的展馆之一，这里除了收藏有雷亚尔、祖巴、穆里略等多位大师的绘画作品外，还有精美的雕塑艺术作品供人观看。

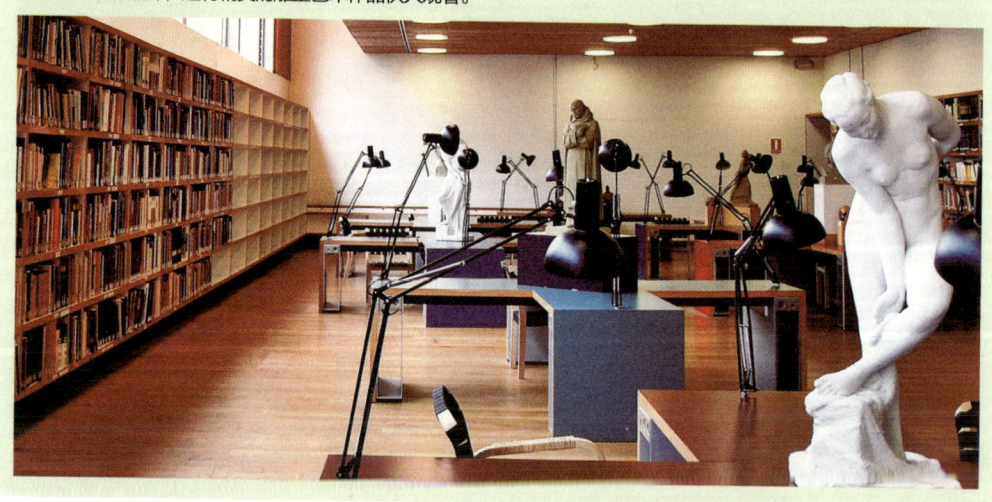

04 罗马桥
历史悠久的桥梁

Tips
- Plaza del Triunfo, 14003 Córdoba, España
- 火车站乘3号巴士可达
- 957-201774

罗马桥建于古罗马帝国的统治时期，是科尔多瓦的诸多古建筑中，历史最为悠久的。这座桥梁气势雄伟，由巨型石块砌筑而成，共有17个桥孔，桥墩则是独特的当时流行的船形。漫步在罗马桥上可以看到瓜达尔基维尔河，也能眺望科尔多瓦的诸多胜景。大桥的桥身古朴典雅，有着厚重朴实的魅力。

卡拉欧拉塔博物馆
介绍阿拉伯人统治时期历史的博物馆

卡拉欧拉塔博物馆是一个介绍科尔多瓦古代历史的博物馆，主要反映了10世纪左右这个城市的各种风貌，里面还有一个全景展示科尔多瓦大清真寺原有景象的模型。

05 犹太街区 (90分!)
景色优美的街区

Tips
- La Juderia
- 火车站乘3号巴士可达

犹太街区是科尔多瓦著名的景区之一，这里充满着浓郁的旧时气息，是感受老城风情的最佳地点。漫步在狭窄的街道上，能够看到许多优美的景观，无论是盛开的鲜花，还是描绘着精美图案的瓷砖，它们都巧妙地融为一体，给人带来美的享受。犹太街区里还有出售手工艺品和纪念品的商店。

01 玛蒙尼德斯广场
斗牛博物馆所在的小广场

毗邻犹太教堂的玛蒙尼德斯广场以犹太哲学家、医生、法学家玛蒙尼德斯的名字命名，如今广场上还立有他的铜像。

必玩 02 斗牛博物馆
介绍斗牛士的博物馆

斗牛博物馆是纪念著名斗牛士马诺列德的地方，这里不但展出了他曾经用过的各种物品，还介绍了他非同寻常的一生。

06 考古学博物馆
建筑在古堡中的博物馆

Tips
Plaza Jeronimo Paez 7　¥1.5欧元

考古学博物馆位于大名鼎鼎的扎赫拉古堡中，这座10世纪的伊斯兰式古堡，是欧洲西南地区最最重要的伊斯兰遗迹之一，具有很高的代表意义。这个景点的独特之处在于，游人可以一边欣赏古堡的诸多景观，一边了解考古学家的发掘过程，这种体验是在别处难以经历到的。

07 皮亚纳宫
豪华的贵族宅第

Tips
Calle de las Rejas de Don Gome, 2, 14001 Córdoba, España　957-496741　¥6欧元

建于14世纪的皮亚纳宫一直是科尔多瓦最为华丽的贵族宅第之一，现在则是当地著名的博物馆。来到这里的游客们除了能在展厅内看到此处历代主人所收藏的珍贵物品，包括精美的家具和独特的织锦画外，不同时代的各种武器也是一大看点。皮亚纳宫还有12个大小不同的花园，各有特色，令人赞叹不已。

08 科尔多瓦天主教国王城堡 75分！

古老的城堡

Tips
Calle de las Caballerizas Reales, S/N, 14004 Cordoba, España ☎ 957-760269

科尔多瓦天主教国王城堡是一座建于14世纪的城堡，它既有军事防御功能，也是一个度假胜地。这座城堡风景优美，四处花团锦簇，林木葱茏，清澈的水池中有鱼儿在游动。国王城堡的塔楼高大险峻，过去是观察敌情的地方，厚重的城墙表面遍布着斑驳的痕迹，是一个时代的象征。

西班牙攻略 安达罗西亚·科尔多瓦

西班牙
攻略HOW

Part.17
安达卢西亚·格拉纳达

建于丘陵上的格拉纳达是摩尔人在伊比利亚半岛最后的领地，因而城内随处可以看到阿拉伯风格的古老建筑，异域风情浓郁。

安达卢西亚·格拉纳达 特别看点！

西班牙攻略 / 安达卢西亚·格拉纳达

第1名！
阿兰布拉宫！ 
100分！
★摩尔人建造的王宫，红色石块砌成的阿拉伯宫殿！

第2名！
格拉纳达大教堂！ 
90分！
★雄伟壮观的大教堂，建筑艺术的大拼盘！

第3名！
阿尔拜辛区！ 
75分！
★历史悠久的街区，伊斯兰风情街！

---

01 阿兰布拉宫 (100分！)
摩尔人建造的王宫 ★★★★★ 逛

Tips
🏠 Avenida de Medina Azahara, 42, 14005 Granada, España 🚌 乘30号公共汽车在阿兰布拉宫站下 ☎ 958-027971 💰 12欧元

阿兰布拉宫也称红宫，是摩尔人在他们的统治中心格拉纳达所建立的格拉纳达王国的王宫。它坐落于一处易守难攻的山头，通体用红色石块砌成，四周建有很多防御设施。1492年，西班牙人收复格拉纳达，将其改建成一座文艺复兴风格的宫殿。虽然数百年里这里饱经风霜，但是它的风华依然没有一丝减退，具有极高的艺术价值和历史价值，是格拉纳达标志性的建筑。

188

必玩 01 纳萨里耶斯宫
限定参观时间的宫殿

纳萨里耶斯宫是阿兰布拉宫的核心部分，是当时苏丹处理国事的宫殿之一。这里是阿兰布拉宫内唯一一处限定参观时间的景点，人们需要排队进入，而且在里面的时间也被严格控制。即便如此，只要能进去转一圈也是完全值得的。

必玩 02 梅斯亚尔厅
阿兰布拉宫中最古老的部分

梅斯亚尔厅是阿兰布拉宫中最古老的部分，是当时摩尔人苏丹处理政务的厅堂，可以说是当时的政治中心。在这里可以见到很多富含阿拉伯风情的装饰，也是整座宫殿最为豪华的部分。

必玩 03 查尔斯五世宫殿
具有威严气派的意大利式宫殿

查尔斯五世宫殿是西班牙人收复格拉纳达后建起的文艺复兴式宫殿，和阿兰布拉宫紧紧相连。在宫殿外墙上使用了很多鹰头装饰，体现出威严的王室气派。在宫殿内有一座大型的圆形中庭，四周使用大量的石柱做装饰，很具意大利风格。

西班牙攻略

安达卢西亚·格拉纳达

西班牙攻略

安达卢西亚·格拉纳达

必玩 04 格玛雷斯宫
苏丹接见臣属的地方

格玛雷斯宫是当时苏丹接见臣属并且商讨国是的地方，这里依然保留了很浓厚的阿拉伯风格。看着宫内的陈设，很容易就能想象当时苏丹和大臣们坐在一起，一边抽着水烟一边商讨事务的情景。

必玩 05 狮子中庭
有很多狮子雕像的庭院

狮子中庭是一处非常漂亮的庭院，这里拥有12座狮子造型的大理石雕塑，它们共同围绕在一座喷泉旁，每一座雕塑都十分精美，神情生动，栩栩如生，处处都体现出当年王室的非凡气派。

必玩 06 赫内拉利费宫
苏丹的避暑山庄

赫内拉利费是"看尽一切的乐园"的意思，是当时的摩尔人苏丹的避暑庄园，这里层层叠叠围绕着很多花园，种植着各种奇花异草，各种喷泉和水池点缀其间，即使是再热的夏天也都能感到阵阵凉意。

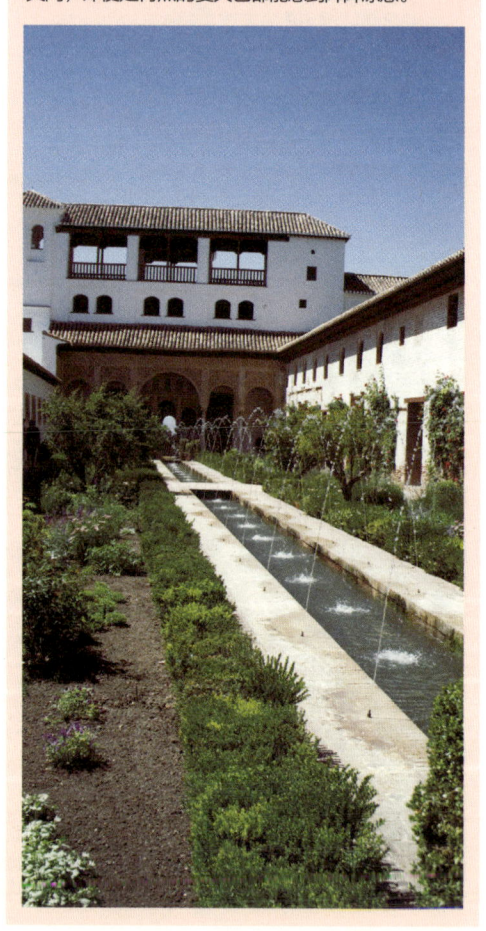

必玩 07 帕塔尔庭院
体会摩尔人对于水的认知

帕塔尔庭院是一座摩尔人所设计的花园，由于水在摩尔人的文化中代表了"财富"，所以在这里到处都能看到各式各样的喷泉和水池，同时通过各种水道使得水流动起来，在装饰的同时还能调节气温，防止暑热。

02 格拉纳达大教堂 （90分！）
雄伟壮观的大教堂 ★★★★★ 赏

Tips
- Catedral de Granada, Plaza de las Pasiegas, 18001 Granada, España
- 958-222959 ￥3.5欧元

格拉纳达大教堂是当地的著名景观之一，这座用了200余年才建造完成的大教堂以哥特式风格为主，兼具文艺复兴式建筑和伊斯兰建筑的特点，因而被人称为建筑艺术大拼盘。教堂的圆形穹顶高达45米，墙壁上的玻璃窗有着鲜艳的色彩，柔和的阳光照射在巨大的管风琴上，让这里充满了宁静淡雅的氛围。

西班牙攻略

安达卢西亚·格拉纳达

03 王室陵墓

西班牙著名的王室墓葬地

Tips
📍 Calle Oficios, 1, 18001 Granada, España
☎ 958-227848　💴 3.5欧元

王室陵墓是安葬为西班牙王国的统一作出重要贡献的伊莎贝尔与斐迪南夫妇的地方，是格拉纳达的著名旅游景点。这个陵墓的造型是典型的哥特式风格，具有强烈的宗教色彩。这里的主要景点是圣器收藏室，展出着许多珍贵的艺术品和纪念品。位于地下室的大理石棺上雕刻着精美的图案，其上方是介绍其历史功绩的大型浮雕。

04 内华达山国家公园

独特的高山风情

Tips
📍 Carretera de Sierra Nevada, KM 7, 18191 Pinos Genil, España　☎ 958-026310

内华达山国家公园是西班牙著名的自然风景旅游区，游人们来到这里既能在山坡上享受滑雪的乐趣，也能漫步在山腰的草原上，放松自己的身心。穆拉森山是这里的最高峰，高达3478米，拥有着险峻秀美的身姿。它的山巅云雾缭绕，终年积雪不化，山腰是葱茏的林木、苍翠的草原，山脚则是古老的城镇。

05 阿尔拜辛区 75分!

历史悠久的街区 ★★★★★ 赏

Tips
📍 Calle Santa Ana, 24, 18009 Granada, España 🚌 新广场乘31号巴士可达

阿尔拜辛区是格拉纳达历史最为悠久的街区，它保留了大量的阿拉伯元素，是著名的旅游景点。漫步在狭窄的巷道内可以看到独特的摩尔式建筑，还能看到出售伊斯兰风格商品的店铺。阿尔拜辛区的餐馆也很多，游客们可以在品尝各种北非风味的菜肴后，前往圣尼古拉大教堂参观。

必玩 01 伊斯兰街道
阿拉伯风格建筑

伊斯兰街道是阿尔拜辛区的核心景点，这里的建筑都是古老的阿拉伯风格，漫步在这里仿佛回到了过去摩尔人统治的时代。

必玩 02 圣尼古拉瞭望台
俯瞰阿尔拜辛区的景点

来到圣尼古拉瞭望台可以俯瞰阿尔拜辛区的诸多景点，还能欣赏到格拉纳达的城市风情，那种纵览不同时代建筑特色的独特感觉是难以用语言形容的。

06 圣山

安葬基督教圣人的山丘 ★★★★★ 赏

Tips
📍 Calle ángel Ganivet, 6, 18009 Granada, España ☎ 958-225599

圣山上的圣山修道院是格拉纳达重要的宗教中心之一，这里还埋葬着这座城市的守护神基利乌斯的遗体。现在的圣山则充满着各种欢乐的娱乐气息，是外来游客欣赏大名鼎鼎的弗拉门戈舞的好地方，因为这里的舞者都是在狭窄的山洞中进行表演，能让观众与其进行近距离的接触。

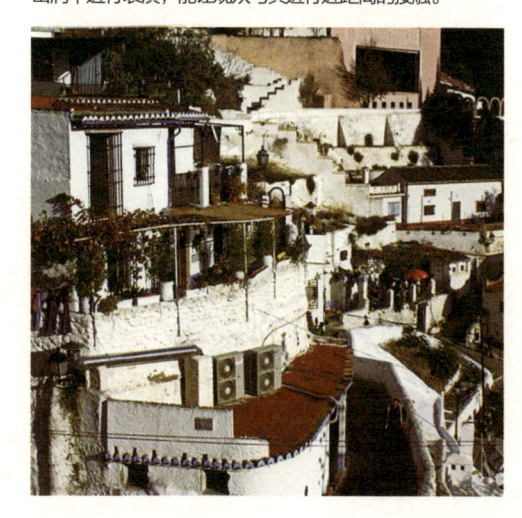

西班牙攻略 安达卢西亚·格拉纳达

193

西班牙
攻略HOW

Part.18
安达卢西亚其他

安达卢西亚其他 特别看点！

西班牙攻略

安达卢西亚其他

第1名！
赫雷斯！
100分！
★ 美酒和骏马的产地，雪莉酒的发源地！

第2名！
马拉加！
90分！
★ 阳光明媚的海滨城市，艺术大师毕加索的故乡！

第3名！
龙达！
75分！
★ 斗牛的发源地，历史悠久的古老城镇！

---

01 赫雷斯 100分！
美酒和骏马的产地 ★★★★★ 逛

Tips
🏠 Jerez 🚆 马德里阿托查火车站乘长途特快列车 ALTARIA在赫雷斯站下 📞 956-338874（旅游服务中心）

赫雷斯位于西班牙南部，曾经分别是罗马帝国和摩尔人的领地，所以在这里可以看到各种风格的建筑。这里因为盛产雪莉酒而闻名，而"雪莉酒"这个名字也是从赫雷斯这个名字转化而来的。除了美酒外，赫雷斯还出产骏马，这里产出的赫雷斯马是欧洲各国赛马比赛中的常客。美酒、骏马、古建筑成了赫雷斯的三大要素，让人心驰神往。

196

必玩 01 赫雷斯大教堂
建立在清真寺基础上的教堂

赫雷斯大教堂是当地的宗教中心，修建在一座清真寺的基础之上。这座建筑风格多样，从摩尔人风格的大钟楼到文艺复兴风格的圆顶塔楼再到各种哥特式的尖角不一而足。教堂的大门则是宏伟的巴洛克风格，这些风格很和谐地融合在一起，使得教堂好像一个精美的银器一般。

必玩 02 阿卡乍堡
塞维利亚哈里发的宫殿

建于12世纪的阿卡乍堡最初是塞维利亚哈里发的宫殿，阿方索十世收复赫雷斯后就将其作为军事基地，并将内部的清真寺改建为礼拜堂，但依旧有阿拉伯澡堂、伊斯兰式庭院等建筑保留至今。

必玩 03 考古博物馆
记载赫雷斯的漫长历史

考古博物馆是赫雷斯最重要的博物馆之一，这里详细记录了这座小城历经的古罗马时期、西哥特时期、摩尔人时期等时代的历史。通过大量出土的文物，向人们介绍了这里深厚的历史积淀和风土人情。

西班牙攻略　安达卢西亚其他

必玩 04 安达卢西亚皇家马术学校
优雅的马术表演

赫雷斯是著名的骏马产地，位于这里的安达卢西亚皇家马术学校是训练各种马匹和骑士的地方，在这里经常会有各种马术表演，尤其是其中的盛装舞步表演最吸引人。衣着华丽的骑手操控着骏马迈出优雅的脚步，显现出一股贵族气息。

02 卡莫纳圣母升天教堂
外表好像清真寺的教堂 ★★★★ 赏

Tips
Calle Martin Lopez de Cordoba　¥3欧元

这座圣母升天教堂是在基督徒们收复卡莫纳后在一座清真寺的基础上修建起来的，因此这里如今依然是一副清真寺的模样，是典型的阿拉伯风格建筑，斑驳的外墙向人们述说着当年的历史。而教堂内部则是基督教风格，文艺复兴风格的走廊和宏伟的祭坛都十分显眼，在这里还有不少基督教内容的艺术品，包括一幅《最后的晚餐》木雕画。

03 贝赫尔-德拉弗龙特拉
白色的山中小镇 ★★★★★ 逛

Tips
Vejer de la Frontera　塞维利亚乘直达巴士可达

贝赫尔-德拉弗龙特拉是西班牙南部安达卢西亚地区的一座小镇，这里号称安达卢西亚最美丽的城市，拥有美丽的阳光、海滩、绿树、民居，到处都充满了传统的地中海风情。尤其是这里的民居，外表都是白色，显得那么干净和纯粹。在小镇上还有传统的奔牛节活动，每年节日期间安静的小镇都会变得十分喧闹，疯狂的公牛在大街上狂奔，异常刺激。

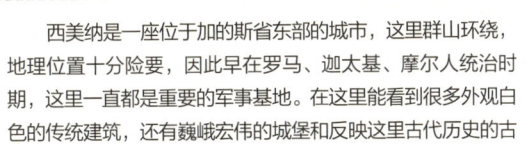

04 西美纳
重要的军事基地　　★★★★★ 逛

Tips
- Jimena de la Frontera
- 龙达乘直达巴士在西美纳下

西美纳是一座位于加的斯省东部的城市，这里群山环绕，地理位置十分险要，因此早在罗马、迦太基、摩尔人统治时期，这里一直都是重要的军事基地。在这里能看到很多外观白色的传统建筑，还有巍峨宏伟的城堡和反映这里古代历史的古老岩洞等古迹，尤其是位于山上的城堡，是在古罗马要塞的基础上建成的，从这里可以俯瞰城里的风光，是很好的眺望点。

05 奥尔韦拉
古代兵家必争之地　　★★★★ 逛

Tips
- Olvera
- 马拉加乘直达巴士在奥尔韦拉站下
- 2欧元（主教堂）

奥尔韦拉位于加的斯山脉的西北方，自古以来这里就是基督教教徒和当地摩尔人争夺的重要据点，曾经多次易主。走进奥尔韦拉小镇，就能看到白色的民房顺着山势铺展开来，阳光洒在这些房屋上，就好像珍珠一般闪闪发光，让人惊叹。位于高山山顶的城堡和大教堂是这座山城的标志，也是可以俯瞰整座城市的制高点。

必玩 ★ 主教堂
简单朴素的教堂

和奥尔韦拉城堡并肩站立于最高峰的主教堂是建立在清真寺的基础之上的，18世纪时改建成现在的新古典主义风格，教堂的天花板是用从意大利进口的大理石材制成，但是并没有过多的装饰，显得简单而朴素。

西班牙攻略 安达卢西亚其他

199

06 塞特尼尔主教堂
依山而建的小镇标志性建筑 ★★★★ 赏

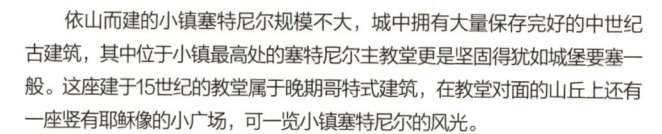

依山而建的小镇塞特尼尔规模不大，城中拥有大量保存完好的中世纪古建筑，其中位于小镇最高处的塞特尼尔主教堂更是坚固得犹如城堡要塞一般。这座建于15世纪的教堂属于晚期哥特式建筑，在教堂对面的山丘上还有一座竖有耶稣像的小广场，可一览小镇塞特尼尔的风光。

Tips
Calle Villa s/n 956-134455

07 米哈斯
西班牙的蜜月胜地 ★★★★★ 逛

Tips
Mijas 马拉加乘直达巴士在米哈斯站下 952-589034（米哈斯旅游服务中心）

米哈斯位于安达卢西亚自治区的加的斯与马拉加两省的交界处，是一座充满了静谧感的山中小镇。在这里到处都是白色的传统建筑，显现出一种纯洁无瑕的浪漫气质，所以也就成了很多年轻夫妇度蜜月的好地方。小镇面对着地中海，拥有漫长的海滩，是西班牙著名的"太阳海岸"的一部分，吸引了不少前来海滨度假的各地游人。

★ 必玩 斗牛博物馆
展示斗牛士的私人收藏

在米哈斯城内有一座斗牛博物馆，这里的藏品大多都是著名的斗牛士Antonio Jose Galan的私人收藏，包括很多斗牛用的装备。同时，在这座博物馆里还有一处小型的斗牛场，时常会举办一些马术表演等活动，很有安达卢西亚特色。

08 龙达 `75分!`

斗牛的发源地 ★★★★★ 逛

Tips
📍 Ronda　🚆 马德里阿托查火车站乘火车在龙达站下　☎ 952-187119（龙达旅游服务中心）

龙达是位于安达卢西亚自治区的一座小城，早在古罗马时期就已经存在了。这里的老城区位于一处陡峭的山崖之上，面前就是壁立千仞的大峡谷，通过努埃博桥和新城区连接了起来。这座小城还是西班牙国粹——斗牛的发源地，在这里依然遗留着西班牙最古老的斗牛场以及博物馆，还有不少当年摩尔人占领这里时的建筑遗迹。

必玩 01 回教宫殿
苏丹之子的宫殿

在龙达有很多充满阿拉伯风情的建筑，其中回教宫殿就是最重要的一座。这座建筑建于1314年，是当时的摩洛哥苏丹之子亚伯美力所建。在这座宫殿内有精致的回教式庭园，以蓝紫色为主的马赛克瓷砖和摩尔式的马蹄形拱门，充满了异国情调。

必玩 02 摩尔王之家
龙达城中最豪华的建筑之一

摩尔王之家是龙达城中最豪华的建筑之一，这座建筑的建造时间和主人已经无从考证，但是从这里斑驳的铁艺栏杆和瓷砖装饰上可以推测出，这里的屋主当年肯定有着显赫的身份。屋内的回廊和楼梯均使用了很高级的木材，屋内的装饰也十分华丽，是一座很有看头的传统建筑。

必玩 03 斗牛场
西班牙最古老的斗牛场

龙达是著名的斗牛发源地，在城里有一座建于1785年的斗牛场，是西班牙最古老的斗牛场。这座斗牛场完全由沙石砌成，上下两层看台均由托斯卡纳式的立柱支撑，整体显得美观而高贵。这座斗牛场如今每年都会举行三场最重要的斗牛比赛，西班牙国王和王后都会驾临观看，这成了当地的一个重要节日。

西班牙攻略 | 安达卢西亚其他

09 瓜迪克斯

感受西班牙的穴居传统 ★★★★ 逛

Tips
- Guadix
- 马拉加乘直达巴士在瓜迪克斯站下
- 958-699574（瓜迪克斯旅游服务中心）

瓜迪克斯位于格拉纳达以东，当地至今保持着安达卢西亚的一个重要传统，那就是穴居。因为这座城市位于山谷之中，当地人便因地制宜，在山壁上开辟了很多洞窟。如今这里还有很多穴居住宅，里面水电煤气一应俱全，甚至还有车库。穴居房屋内常年恒温，冬暖夏凉，十分舒适。市中心矗立着高大的大教堂，是这里著名的地标。

10 马拉加 90分！

阳光明媚的海边城市 ★★★★ 逛

Tips
- Malaga
- 马德里巴士站乘巴士在马拉加下

马拉加位于西班牙南部，濒临地中海，是西班牙第二大港口，也是西班牙五大都市圈之一。这里气候宜人，风景优美，拥有西班牙人引以为豪的"阳光海岸"，是西班牙人度假休养的绝佳去处。同时，这里也拥有深厚的历史底蕴，可以看到公元3世纪的古罗马圆形剧场、6世纪的穆斯林城堡、8世纪的教堂，还有收藏着大量绘画作品的毕加索美术馆等。这座海边城市就好像一幅美丽的油画一般，迎接着每一个来访的游客。

必玩01 马拉加大教堂
带有缺憾的独臂大教堂

马拉加大教堂位于马拉加市中心，它原本是一座清真寺，后来被改建为教堂。这座教堂的兴建花费了很长时间，因此这里融哥特式、文艺复兴式、巴洛克式等风格于一身，尤其惹人注意的是其一侧没有完工的钟楼，所以这里也被称作"独臂大教堂"。

必玩02 毕加索美术馆
展示毕加索各个时期的画作

马拉加的毕加索美术馆是一座专门展出毕加索各个时期作品的美术馆，共有138幅毕加索的真迹，都是大师的后代所捐赠的。这家美术馆开幕时，连西班牙国王都参加了剪彩典礼，可见毕加索在西班牙人心目中的重要地位。

必玩 03 毕加索故居
艺术大师的出生地

但凡人们来到马拉加，肯定会先来毕加索故居参观。毕加索故居位于市内的梅尔塞广场，这里是毕加索出生以及度过童年的地方。他对这里充满感情，第一幅画就是描绘了马拉加的景色。在故居里有很多毕加索早年的手稿等，从中可以看出他的艺术风格逐渐成熟的过程，是了解毕加索早期历史的一个重要地方。

11 安特克拉
安达卢西亚的核心

Tips
- Antequera
- 塞维利亚乘火车在安特克拉站下
- 952-702505（安特克拉旅游服务中心）

安特克拉位于马拉加以北，从古代开始这里就被认为是安达卢西亚的核心地区，这里有着优越的地理环境和沃土良田，一直都是安达卢西亚的重要粮仓，为各方势力所争夺。在这里可以看到罗马人修建的防卫要塞，说明其重要的军事意义。还有很多教堂等古代建筑的遗迹以及雄伟的巨石群，述说着这片曾经是兵家必争之地的历史。

必玩 01 巨石群
感叹古人的工艺技术

巨石群是安特克拉最为人所知的景点，这些巨石群主要分为孟加ล巨石群、维拉巨石群和罗曼拉巨石群三个部分，最早的可以追溯到2500多年前。这些巨石构成了巨大的石室，据说是古人的墓穴所在。其规模十分庞大，让人不由得惊叹古人工艺技术之精湛。

必玩 02 主圣母教堂
融合两种风格的教堂

安特克拉是西班牙人均拥有教堂数最高的城市，在5万人口的小城中却拥有30多座教堂。其中主圣母教堂是安特克拉两座主要教堂之一，这是一座结合了哥特式和文艺复兴式风格的建筑，无论是外观还是内部都拥有精美的装饰，在小城中很是显眼。

必玩 03 镇立博物馆
展示古罗马时期的艺术品

安特克拉的镇立博物馆原来是一座叫做内哈拉宫的宫殿，在这里收藏了很多古罗马时期的精美艺术品，其中最著名的要数一座公元1世纪时的青年青铜像，这座塑像线条完美，将人体的美感完全表现了出来，被誉为伊比利亚半岛上最美的出土文物。

西班牙
攻略HOW

Part.19 萨拉曼卡

　　坐落在托尔梅斯河北岸的萨拉曼卡是闻名世界的大学古城，有着欧洲最古老的大学之一的萨拉曼卡大学。萨拉曼卡的建筑大部分是在十九世纪由萨拉曼卡侯爵建造的，是高雅与魅力的象征。萨拉曼卡于1988年被联合国教科文组织列为人类遗产，并于2002年被评选为欧洲文化之都。

西班牙攻略 | 萨拉曼卡

萨拉曼卡 特别看点！

第1名！
萨拉曼卡主广场！
100分！
★ 能够看到不同时代的精美建筑物！

第2名！
萨拉曼卡旧城！
90分！
★ 遍布古老建筑的城区！

第3名！
萨拉曼卡新大教堂！
75分！
★ 结合了哥特式、银匠式以及丘里格拉式的建筑风格！

---

01 萨拉曼卡主广场 (100分！)
风景优美的广场
★★★★★ 逛

Tips
- Salamanca Plaza Mayor, 37002 Salamanca, España
- 萨拉曼卡火车站乘巴士可达

萨拉曼卡主广场修建于菲利普五世国王统治时期，是小城最为著名的景点之一，因其景色优美，被称为"满载阳光和空气的心脏"。漫步在这座巴洛克风格的广场上能够看到不同时代的精美建筑物，感受这里独有的古老风情。

02 贝壳之家

萨拉曼卡的旅游服务中心

Tips
- Calle de la Compañía, 2, 37002 Salamanca, España
- 923-269317

贝壳之家是一座历史悠久的建筑，它本是一处贵族的府邸，后来被改造成为当地的旅游服务中心。这座建筑的醒目之处在于，它的外部墙壁上悬挂着一个个贝壳图案，这是这里过去主人的族徽。来到贝壳之家的游客们不仅可以了解到萨拉曼卡的旅游信息，还能参观附近的独特建筑。

03 萨拉曼卡旧城 90分!

遍布古老建筑的城区

Tips
- Calle Libreros
- 923-29400
- ¥ 4欧元

萨拉曼卡旧城是该城最值得游览的区域，这里遍布着各种古老的建筑物，有许多具有历史意义的景点。漫步在老城的街道上，可以感受到这里的宁静氛围，那些用黄砂岩作为建材的房屋，在阳光的照射下，散发出绚丽的光芒。

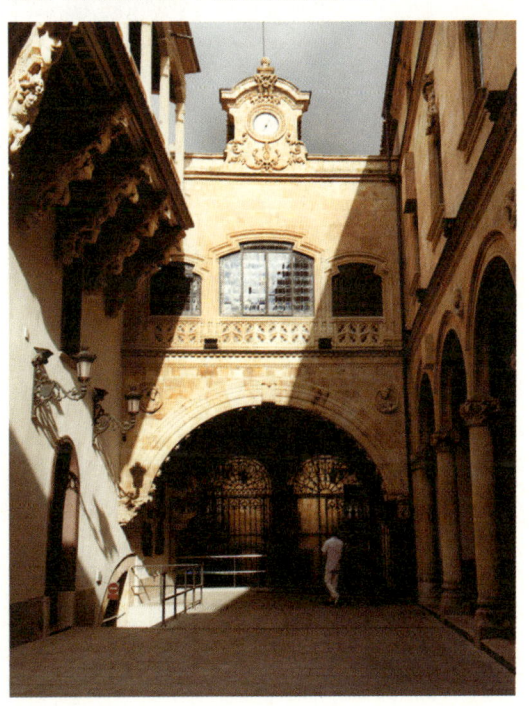

西班牙攻略 萨拉曼卡

207

04 萨拉曼卡新大教堂 75分!

萨拉曼卡历史最为悠久的教堂之一

★★★★★ 赏

Tips
- Plaza Anaya, Salamanca, España
- 923-217476　¥ 4.75欧元

萨拉曼卡新大教堂是著名的大教堂的一部分，是一座结合了哥特式、银匠式以及丘里格拉式建筑风格特点的教堂。新大教堂的装饰极为华丽，尤其是那玫瑰色的房屋骨架，令人惊叹不已。萨拉曼卡新大教堂里最为有趣的地方是浮雕上还有外星人和怪兽吃冰激凌的图案。

必玩 ★ 旧大教堂

历史悠久的大教堂

旧大教堂与新大教堂由一座大门相连，旧大教堂的建筑风格典雅大方，内部略显斑驳的壁画和祭坛无不显示出这里古老的历史。来到这里还能看到古罗马时期的地下墓葬，旧时的达官贵人及曾经的萨达曼卡主教都在此长眠。

05 爱尔兰学院

历史悠久的教学建筑

★★★★★ 赏

爱尔兰学院是萨拉曼卡大学中一处重要的建筑物，它本是一处贵族的府邸，后来被改建成专供爱尔兰贵族学习的学院。这个建筑的造型优雅，圆形的拱廊上装饰着精美的图案和花纹，里面还有专用的礼拜堂和收藏厅。漫步在学院内部，能够感受到浓浓的书卷气息。

Tips
- Calle de Fonseca 4　923-294570　¥ 0.6欧元

06 杜耶纳斯修道院

萨拉曼卡最美的修道院

Tips
📍 Calle San Pablo ☎ 923-215442 ¥ 2欧元

杜耶纳斯修道院是一座历史悠久的修道院，它兴建于15世纪初，后多次翻修重建，因而留下了不同时代建筑风格的痕迹。这里最著名的景点当数上下两层的回廊，走廊的廊柱和栏杆上装饰着精美的图案和花纹，还有惟妙惟肖的浮雕，是文艺复兴时期的杰出艺术品。

07 圣艾斯特班修道院

气势宏伟的修道院

Tips
📍 Plaza del Concilio de Trento 1
☎ 923-215000 ¥ 3欧元

圣艾斯特班修道院是西班牙重要的修道院之一，它的历史悠久，曾在15、16世纪时发挥过重要作用，据说意大利航海家哥伦布就是通过这里的修士认识资助他远航的西班牙国王的。修道院的建筑气势雄伟，各处装饰也是极为精美。游人来到这里还能看到颜色绚丽的彩窗和历史名人留下的痕迹。

西班牙攻略 — 萨拉曼卡

209

西班牙
攻略HOW

Part.20 西班牙其他

西班牙其他 特别看点！

第1名！
圣地亚哥大教堂！
100分！ 
★ 天主教世界的三大朝圣地之一，瞻仰圣雅各的遗骨！

第2名！
毕尔巴鄂旧城区！
90分！
★ 充满传统建筑的城区，感受欧洲中世纪小镇风情！

第3名！
加那利群岛！
75分！
★ 独具非洲风情的海岛，大西洋上的度假胜地！

---

01 塞哥维亚
建在高地上的要塞城市

Tips
Segovia　马德里阿托查火车站乘地区火车在塞哥维亚站下　921-466070（塞哥维亚旅游服务中心）

环绕两条河流而建的塞哥维亚地处海拔超过1000米的高原上，其名称意为"胜利之城"，最初是建于12世纪的一座军事要塞，从遥远的中世纪时代就是一处战略重镇。历史悠久的塞哥维亚曾经是卡斯蒂利亚王国的重要城市，天主教双王之一的伊莎贝尔女王就在这里加冕即位。由于这里的建筑群拥有漂亮的外观和珍贵的历史价值，整个塞哥维亚古城成了难得的艺术典范。

必玩 01 罗马水道桥
西班牙境内最具规模的古罗马遗迹

全长近800米的罗马水道桥是塞哥维亚乃至全西班牙境内规模最大的古罗马遗迹，由120根柱子撑起的水道桥沿途共有166个拱门，从建成直到19世纪末一直为塞哥维亚全城人提供饮用水。

必玩 02 主广场
塞哥维亚旧城区的中心

塞哥维亚主广场是当地百姓的日常生活中心，广场周围最引人注目的建筑是建于17世纪的市政厅，还有伊莎贝尔女王加冕的圣米盖尔教堂。

西班牙攻略　西班牙其他

213

必玩 03 塞哥维亚大教堂
装饰华丽的大教堂

毗邻主广场的塞哥维亚大教堂建于1525年，历时近两个世纪才最终落成，这座规模宏大的教堂装饰有无数的尖塔和扶壁，被誉为贵妇般华丽的大教堂。

必玩 04 阿卡乍堡
《白雪公主》中的城堡原型

地处悬崖上的阿卡乍堡在古罗马时代是一处军事要塞，作为塞哥维亚最早的建筑，这座古堡见证了卡斯蒂利亚王国的历史，并曾经作为伊莎贝尔女王的王宫。此外，阿卡乍堡还是迪士尼动画电影《白雪公主》中城堡的原型。

02 昆卡
陡峭山脊上的古城

★★★★ 逛

Tips
- Cuenca
- 马德里阿托查火车站乘高速火车AVE或长途特快列车ALVIA在昆卡站下
- ☎ 969-241051（旅游服务中心）

昆卡地处胡卡尔河与威尔卡河之间的峭壁上，依山而建的大教堂等建筑和古朴的鹅卵石街道都是昆卡古城的主要景点，充满了浓郁的中世纪风情。旧时摩尔人在这里修建的瞭望台——蒙加纳塔如今已经成为昆卡古城的地标，登此可一览古城的街景。

必玩 01 抽象美术馆
昆卡最具代表性的景点

抽象美术馆的前身是14世纪西班牙王室的夏宫，这座修建在峭壁上的建筑还曾经作为红衣主教的住所，堪称建筑奇迹，如今则收藏展示了大量20世纪50、60年代西班牙抽象艺术家的作品。

必玩 02 主广场
昆卡居民的生活中心

昆卡主广场四周林立着大量商店和餐厅，是当地百姓的日常生活中心。巴洛克风格的昆卡市政厅拥有三道拱门，建于1762年，是广场的主要景点。

必玩 03 国营旅馆
欣赏昆卡最美的景色

与抽象美术馆隔河相望的昆卡国营旅馆，前身是建于16世纪的圣保罗修道院，游人穿过一道铁桥就可来到拥有黑白瓷砖地板的国营旅馆，从这里可以一览抽象美术馆的奇妙建筑。

西班牙攻略 · 西班牙其他

03 塔拉戈纳

碧海蓝天环抱的港口城市 ★★★★ 逛

Tips
- Tarragona
- 巴塞罗那乘高速火车AVE在塔拉戈纳站下
- 977-250795（旅游服务中心）

历史悠久的塔拉戈纳早在古罗马时代就曾经是管辖半个伊比利亚半岛领土的伊斯班尼亚大区首府，这座繁华的港口城市现今依旧拥有古罗马时代的城墙、露天剧场、圆形竞技场等大量保存完好的古迹，充满历史的厚重感。

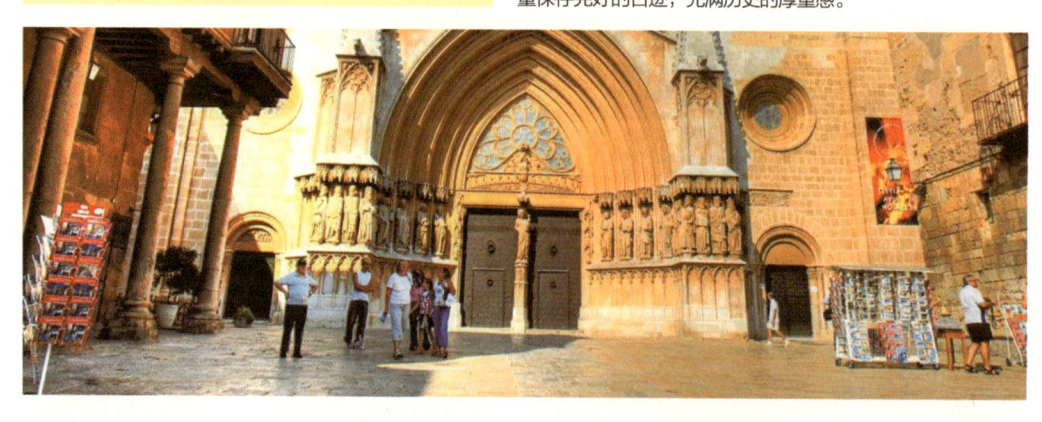

必玩 01 圆形竞技场
古罗马时代的遗迹

建于公元2世纪的圆形竞技场是塔拉戈纳最重要的古罗马遗迹之一，可容纳14000人的圆形竞技场在古罗马帝国时代，曾经上演了无数场惊心动魄的人兽角斗，如今依旧可感受到当时这里的繁华。

必玩 02 塔拉戈纳国立考古学博物馆
记载塔拉戈纳的历史

创立于1848年的国立考古学博物馆内收藏有大量当地出土的古罗马时代文物，游人在这里可通过各种专题展览了解塔拉戈纳的历史和旧时的繁华。

必玩 03 塔拉戈纳大教堂
献给圣母玛利亚的教堂

始建于12世纪的塔拉戈纳大教堂位于一座古罗马遗迹之上,由于教堂的修建过程漫长,其间融合了不同时代的建筑风格,在教堂的回廊内还收藏了大量13世纪的雕塑作品。

必玩 04 考古学步道
意大利之外最古老的古罗马遗迹

考古学步道位于塔拉戈纳旧城以北,是塔拉戈纳古城墙的一部分,作为欧洲除意大利外最古老的罗马建筑遗迹,这里可以说是一处塔拉戈纳厚重历史的沉淀地。

04 卡塞雷斯
西班牙第一座古迹城市

Tips
📍 Caceres 🚆 马德里查马丁火车站乘快速地区火车T.R.D在卡塞雷斯站下 ☎ 927-010834（卡塞雷斯旅游服务中心）

拥有2000年历史的卡塞雷斯建造于古罗马帝国时代，摩尔人统治期间在卡塞雷斯修建了坚固的要塞和城墙。在大航海时代，地处白银之路上的卡塞雷斯成为无数船队从美洲来到西班牙的中转站，古城也在当时成为西班牙境内最繁华的城市。如今，卡塞雷斯依旧保存有大量中世纪风格的豪宅，被誉为西班牙第一座古迹城市。

必玩01 旧城区
豪宅林立的古城区

卡塞雷斯旧城区内散落着大量历史悠久的豪华宅第，穿过主广场的星辰拱门进入旧城区后仿佛跨越了4个世纪的时间来到遥远的大航海时代，可感受这里旧时的繁荣。

必玩02 圣母大教堂
卡塞雷斯旧城区的核心建筑

穿过星辰拱门的游人可来到以圣母大教堂为核心建筑的圣母广场。融合了哥特式和文艺复兴时期不同建筑风格的圣母大教堂建造时间跨越了4个世纪之久，教堂内的博物馆还收藏有古罗马时代的黑面基督像。

必玩03 主广场
卡塞雷斯旧城大门

卡塞雷斯主广场是游人前往旧城区的大门，广场上的星辰拱门建于18世纪初，拱门正上方雕刻有圣母像，而广场一侧的布亚可塔则是卡塞雷斯众多古老塔楼中最具代表性的一座。

05 瓜达卢佩圣母修道院
神秘的黑面圣母像　　赏

Tips
- Guadalupe
- 卡塞雷斯乘坐火车可达
- 927-367000

毗邻卡塞雷斯的瓜达卢佩是一座拥有近千年历史的古老城镇，古迹众多的瓜达卢佩城中最知名的就是以黑面圣母像而闻名的瓜达卢佩圣母修道院。据说14世纪当地一位农民在田地里发现了这尊黑面圣母像，之后就在发现的地方修建了这座修道院。在大航海时代，这里还曾经是众多航海者专程前来祈求平安的圣地。

06 楚西尤
探险家的摇篮　　逛

Tips
- Trujillo
- 马德里乘长途巴士在楚西尤站下
- 927-322677（旅游服务中心）

被誉为探险家摇篮的楚西尤从15世纪到17世纪有超过600人前往新世界探险，这座诞生了无数探险家的古城历史悠久，同西班牙大多数古老的城镇一样经历了古罗马帝国时代的荣耀与摩尔人的侵占，甚至还卷入过葡萄牙的内战，直到14世纪才成为天主教国家统治的城市。在这漫长的动荡历史中，楚西尤的城内建筑风格不断改变，如今依旧保留着众多不同历史时期的古老建筑。

必玩01 主广场
楚西尤最受瞩目的景点

楚西尤主广场正中竖立着曾经征服印加帝国的皮萨罗雕像，广场四周林立着圣马丁教堂、征服侯爵之宫等建筑。

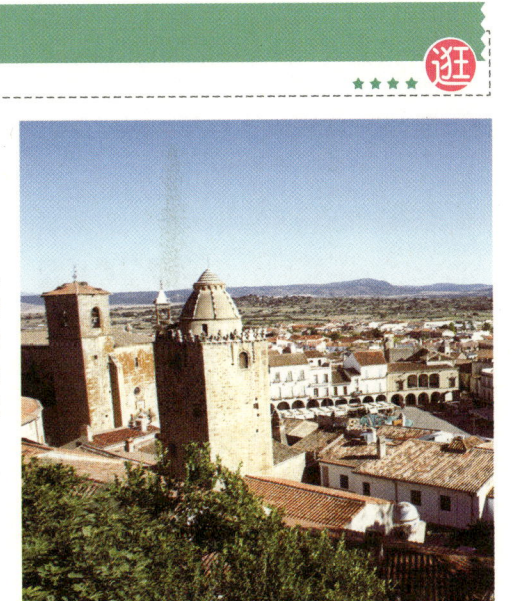

必玩02 城堡
一览楚西尤的风光

位于山顶的楚西尤城堡是10世纪时统治当地的摩尔人所建的宫殿，其前身是古罗马时代的要塞，如今城堡的城门依旧还在使用，其中名为胜利之门的城门就是1232年1月25日十字军夺回楚西尤的地方。

07 梅里达
白银之路的终点

Tips
🏛 Merida 🚆 马德里阿托查火车站乘快速地区列车 T.R.D在梅里达站下 ☎ 924-330722（旅游服务中心）

由奥古斯都大帝女婿艾格列帕修建的梅里达古城在古罗马时代被称为Emeritus Augustus，意为"奥古斯都军队中的单身汉们"。从遥远的古罗马时代起，梅里达就是一座繁荣的城市，现今依旧拥有大量保存完好的水道桥、罗马桥、凯旋门、西班牙广场、月神庙等古迹。

必玩01 罗马剧院
罗马遗产中的珍宝

建于公元前15年的罗马剧院可容纳6000名观众，其阶梯状依山排列的三层座位标明了当时的社会等级，座位前如今还有保存完好的半圆形合唱团席，舞台背后的壁墙上有精美的石柱和雕像。

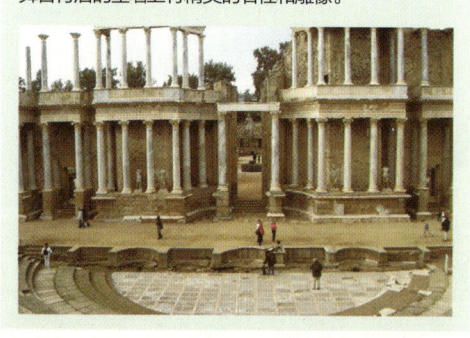

必玩02 圆形竞技场
最引人注目的罗马古迹

建于公元前8世纪的圆形竞技场毗邻罗马剧院，可容纳14000人同时观看各种角斗表演。每年夏天，这里都会举办西班牙最重要的戏剧节——梅里达古典戏剧节。

必玩03 罗马古桥
西班牙现存最长的古罗马桥

一直使用到1993年的罗马古桥由64座花岗岩曲拱构成，总长度达792米，是西班牙境内现存最长的一座罗马古桥。

必玩04 国立罗马艺术博物馆
收藏了梅里达2000多年的历史文明

1986年对公众开放的国立罗马艺术博物馆建于罗马剧院对面，博物馆内收藏展示有大量梅里达出土的古罗马艺术珍品，记载了梅里达2000多年的历史文明。

08 圣地亚哥大教堂 (100分!)

天主教世界的朝圣地中心之一 ★★★★★ 赏

Tips
📍 Plaza Obradoiro　☎ 981-569327

　　作为天主教三大朝圣地之一的圣地亚哥因9世纪时发现圣雅各遗骨而闻名，千百年来，成千上万的天主教徒不远万里来到这里朝圣。这条从法国出发，翻越比利牛斯山脉，经过潘普洛纳、布尔戈斯、莱昂等城镇的朝圣道路也被称为欧洲第一条文化之路。作为圣地亚哥的朝圣中心，建于1188年的圣地亚哥大教堂是一幢罗马风格的教堂，这座供奉有圣雅各遗骨的教堂中还建有圣雅各的石头坟墓。无数虔诚的天主教徒都会伸出右手抚摸大教堂主门廊的大理石柱，以示对圣徒的崇敬和祈求宠爱。

09 潘普洛纳

圣地亚哥朝圣之路上的重镇 ★★★★ 逛

Tips
📍 Pamplona　🚆 马德里乘火车可达

　　海明威笔下的《太阳依旧升起》令古老的潘普洛纳为世人所熟知，这座地处比利牛斯山区的古城始建于9世纪，从遥远的中世纪开始就是圣地亚哥朝圣路上一处繁华的重镇。作为潘普洛纳一年一度最重要的节日，拥有百年历史的奔牛节正式名称为圣费尔明节，每年节日期间都是人流熙攘，聚集了来自世界各地的游客，并会在奔牛结束后一同加入持续7天7夜的庆祝狂欢。

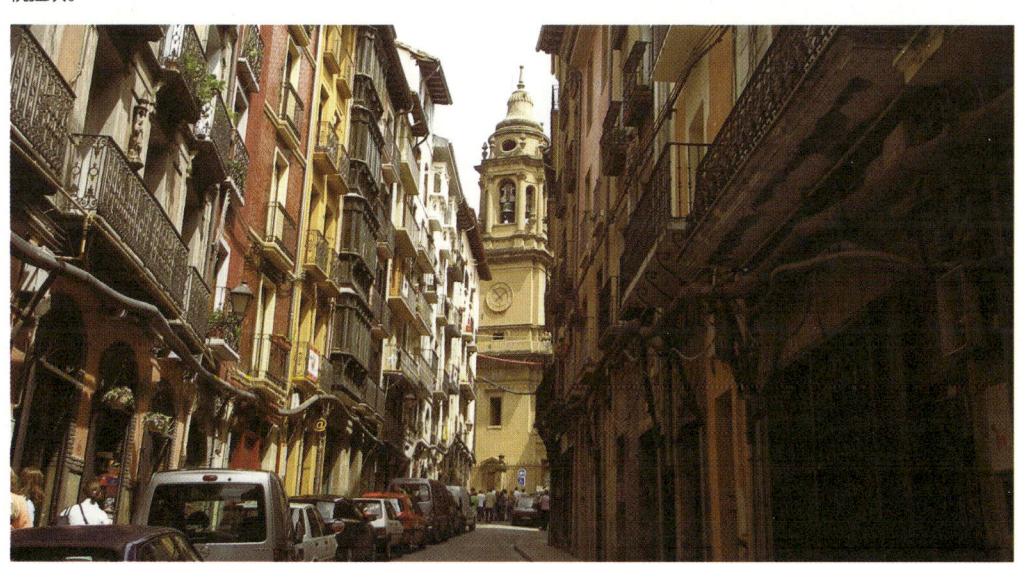

西班牙攻略　西班牙其他

221

10 莱昂

●●● 历史悠久的古罗马重镇 ★★★★★ 逛

Tips
📍 Leon　🚆 马德里查马丁火车站乘长途特快列车ALVIA、中程列车MD或夜班列车TRENHOTEL在莱昂站下　☎ 987-237082（旅游服务中心）

始建于1世纪的莱昂由保护帝国领土不被侵占的罗马军团创建，9世纪时莱昂王国战胜摩尔人后将莱昂定为国都，从此莱昂发展成为一座繁华的天主教城市，吸引了许多商业和艺术从业者聚集，是著名的圣地亚哥朝圣路上的重要城镇之一。

必玩01 圣马科斯修道院
西班牙最重要的银匠式建筑之一

始建于1168年的圣马科斯修道院最初作为信奉天主教的穷人居所，之后也为朝圣者提供医疗服务，直到16世纪才进行全方位的整修扩建，其长达百米、精雕细琢的立面颇为醒目，是西班牙最重要的银匠式建筑之一。

必玩02 莱昂大教堂
莱昂的城市标志

建于1205年的莱昂大教堂是莱昂的城市标志，这座气势恢弘的大教堂前身是莱昂古王国的王宫，教堂内部的彩绘玻璃绘有多种多样的主题图案，并大量使用象征西班牙的红、黄等颜色，当阳光透过彩绘玻璃照入教堂内更是营造出神圣庄严的氛围。

必玩03 圣伊索多罗教堂
罗马式风格的古老教堂

始建于1063年的圣伊索多罗教堂是一幢罗马式风格的古老教堂，教堂内供奉有曾任塞维利亚大主教的伊索多罗的圣骨，并在教堂内的先贤祠中安葬有11位莱昂古王国的国王和12位王后。

必玩04 波提内之家
高迪设计的建筑

由加泰罗尼亚现代建筑大师高迪设计的波提内之家是一幢气势恢弘的新哥特式建筑，如今则被改为银行。

11 布尔戈斯

曾经的卡斯蒂利亚王国首都

Tips
- Burgos
- 马德里查马丁火车站乘长途特快列车ALVIA、中程列车MD在布尔戈斯站下
- 947-288874（旅游服务中心）

位于圣地亚哥朝圣之路上的布尔戈斯是西班牙民族英雄艾尔-席德的故乡，最初这里是与摩尔人敌对的天主教国家的一处前哨站，在统治当地的卡斯蒂利亚历任伯爵不断建设下逐步发展成一座防御坚固的要塞城市，并在莱昂国王收复附近领土后将其作为卡斯蒂利亚-莱昂王国的首都。

必玩01 圣母拱门
中世纪时的布尔戈斯城门

毗邻圣母桥的圣母拱门建于14世纪，在中世纪是布尔戈斯的12座城门之一，圣母拱门的最大特色就是拱门上的迷你塔楼，如今还在内部设有博物馆，可了解布尔戈斯的历史。

必玩02 大教堂
西班牙第三大教堂

建于1221年的布尔戈斯大教堂规模宏大，并由当时的国王菲利普三世亲自奠基，历经3个世纪才最终完工，是如今西班牙第三大教堂。

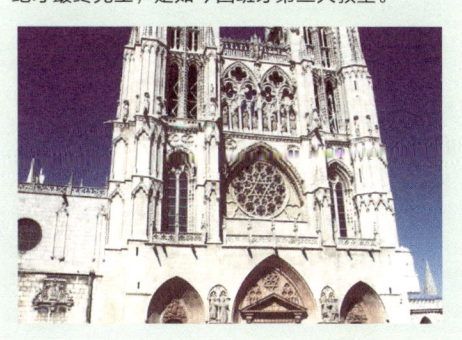

必玩03 圣胡安广场
历史古迹环绕的广场

毗邻西班牙广场不远的圣胡安广场地处布尔戈斯旧城墙东侧，广场因正中央的圣胡安修道院和圣胡安医院而得名，此外还有各种风格的古老建筑环绕在广场四周。

西班牙攻略 西班牙其他

223

12 毕尔巴鄂古根海姆美术馆

●●● 带来"毕尔巴鄂效应"的美术馆　★★★★★ 赏

Tips
🏠 Abandoibarra Etorbidea, 248011 Bilbao, España　🚊 毕尔巴鄂火车站乘电车在古根海姆美术馆站下　☎ 944-359000　￥11欧元

毕尔巴鄂古根海姆美术馆是古根海姆基金所创办的一家美术馆，它位于毕尔巴鄂旧城区的边缘，濒临内维隆河，是著名的河岸景观。这座美术馆的内部设计十分巧妙，尤其是入口处的中庭为很多艺术家所称道，是现代解构艺术建筑的代表作。在美术馆里陈列了很多现代艺术作品，有很多独具匠心的作品，艺术爱好者们绝不能错过。

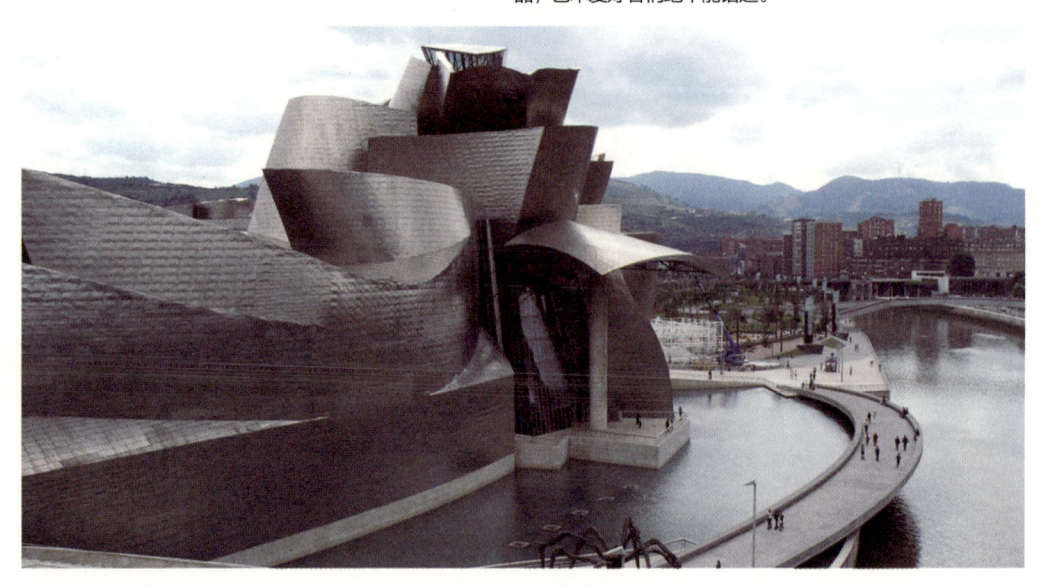

13 沃兰汀步行桥

●●● 毕尔巴鄂城市改造的重要标志　★★★★★ 赏

Tips
🏠 VOLANTIN 48001 Bilbao, España

位于毕尔巴鄂古根海姆美术馆旁的沃兰汀步行桥作为毕尔巴鄂城市改造的一部分，成为如今的城市地标之一。这座步行桥横跨内维隆河，由西班牙本土建筑师卡拉特拉瓦所设计。桥的造型好似一条完美的抛物线，仿佛一条飘扬在大河之上的丝带。桥面使用玻璃板建成，旁边辅以钢质的桥拱、扶手和支架，堪称一件用钢铁搭建起来的精美艺术品。

14 毕尔巴鄂旧城区 90分!

充满传统建筑的城区

Tips
阿邦多火车站乘地铁在Casco Viejo站下

毕尔巴鄂旧城区是毕尔巴鄂这座古老城市历史的体现，早在西班牙尚未成为海上霸主的时候，毕尔巴鄂就已经是欧洲最重要的港口和铁矿石产地。如今在毕尔巴鄂旧城区的大街两侧，依然可以看到很多样式古老的传统建筑，这些建筑大多风格优雅、造型精美，是当时毕尔巴鄂无限繁华的见证者。漫步在这里就好像回到了欧洲中世纪时期，给人以别样的体验。

西班牙攻略　西班牙其他

15 圣塞瓦斯蒂安库尔萨尔文化中心

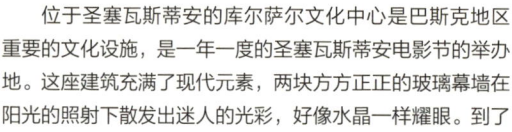

电影艺术的圣地 ★★★★ 赏

位于圣塞瓦斯蒂安的库尔萨尔文化中心是巴斯克地区重要的文化设施，是一年一度的圣塞瓦斯蒂安电影节的举办地。这座建筑充满了现代元素，两块方方正正的玻璃幕墙在阳光的照射下散发出迷人的光彩，好像水晶一样耀眼。到了晚上，这里多彩的霓虹灯又将它渲染得五颜六色，展现出更为迷人的色彩。

Tips
Avenida de Zurriola 1 San Sebastián España 94-3003000

16 奥维耶多

海湾边的历史古城 ★★★★★ 逛

Tips
Oviedo 985-227586(旅游服务中心)

奥维耶多位于西班牙北部，面临比斯开湾，曾经是阿斯图里亚斯王国的首都。这里拥有得天独厚的自然条件，一年四季风光旖旎，被很多人认为是天堂一般的地方。作为一座历史悠久的古城，这里也拥有不少文化古迹，如圣萨尔瓦多大教堂就是西班牙北部最重要的教堂之一，在教堂里收藏了很多珍贵的艺术品和重要资料，也是过去皇家的陵寝，具有重要的历史价值。

17 萨拉戈萨皮拉圣母教堂

拥有精美湿壁画的教堂 ★★★★ 赏

Tips
🏛 Plaza del Pilar,50003 ☎ 976-299564

萨拉戈萨皮拉圣母教堂是萨拉戈萨的标志性建筑，这座教堂规模很大，拥有11个大圆顶与4座高塔，看起来极为巍峨壮观。传说圣母玛利亚曾经在这里向圣人圣提亚哥显圣，留下一根柱子，所以人们就用这根柱子建起了这座教堂。在教堂里陈列着原本属于教堂里的精美装饰品和艺术品，其中在教堂天花板和墙壁上的壁画都是著名画家戈雅的作品，颇具艺术价值。

西班牙攻略　西班牙其他

18 贝壳湾

西班牙人最喜爱的度假胜地

贝壳湾因为形状好像一个贝壳而得名，一直都位居西班牙十大度假海滩之首，这里海滩平缓，海水清澈，环境幽雅，因而越来越受到西班牙人和邻近各国人们的喜爱。据说英国女王伊丽莎白一世曾经因病到这里来疗养，结果病情很快痊愈，在名人效应的驱动下这片海湾一举成名，连位于它旁边的圣塞瓦斯蒂安举办电影节时都用了金壳奖作为最高奖项，可见其在西班牙人心目中的重要地位。

Tips

Place page Paseo de la Concha 20007 Donostia, Spain

19 加那利群岛 75分!

独具非洲风情的海岛 ★★★★★ 赏

Tips
🚇 Canary Islands　✈ 马德里机场乘航班在加那利群岛大加岛机场下

加那利群岛位于邻近西北非洲的大西洋上，是西班牙的海外领土及自由港。群岛主要是火山喷发而形成，由特内里费、大加那利、拉帕尔马、拉戈梅拉、耶罗、兰萨罗特、富埃特文图拉等7个主要岛屿和若干小岛组成。岛上气候温润，自然条件十分优越，拥有火山、沙滩等自然景色。这里还孕育了独特的北非文化，在衣食住行上很有自己的特点，这也是吸引各方游人的主要原因。

西班牙攻略　西班牙其他

索引 INDEX 西班牙攻略

A

阿尔拜辛区	…193
阿尔卡萨堡	…086
阿兰布拉宫	…188
阿穆德纳圣母大教堂	…069
阿托查火车站	…058
阿维拉大教堂	…093
阿维拉古城墙	…092
埃尔·格雷科故居	…089
埃斯科里亚宫	…080
爱尔兰学院	…208
安达卢西亚之家	…182
安东尼·达比埃斯美术馆	…129
安特克拉	…203
奥尔韦拉	…199
奥古斯都神庙	…105
奥林匹克运动场	…133
奥维耶多	…226

B

瓦伦西亚大教堂	…152
瓦伦西亚丝绸交易中心	…155
瓦伦西亚艺术科学城	…156
瓦伦西亚中央市场	…154
巴塞罗那城市历史博物馆	…106
巴塞罗那大教堂	…105
巴塞罗那市政厅	…107
巴塞罗那现代美术馆	…111
巴塞罗那新广场	…104
贝尔港	…121
贝尔维古堡	…161
贝赫尔-德拉弗龙特拉	…198
贝壳湾	…228
贝壳之家	…207
贝利斯夸尔德	…144
贝特雷姆教堂	…117
彼拉多之家	…176
毕尔巴鄂古根海姆美术馆	…224
毕尔巴鄂旧城区	…225
毕加索美术馆	…142
波布雷特修道院	…149
波连萨	…164
不和谐建筑群	…124
布尔戈斯	…223

C

楚西尤	…219
慈善医院	…172

D

达利美术馆	…148
大德兰女修院	…093
德波神庙	…071
东方广场	…067
独立广场	…063
杜耶纳斯修道院	…209

F

凡达斯纪念斗牛场	…077
丰收女神广场	…062
弗雷德里克·马雷美术馆	…109

福门特拉岛	…167
副主教府邸	…107

G

高迪故居博物馆	…144
戈埃尔别墅	…147
戈埃尔纺织村	…148
戈埃尔公园	…143
哥伦布广场	…077
哥伦布纪念柱	…120
格拉纳达大教堂	…191
格拉西亚大道	…129
格兰维亚大道	…048
公牛广场	…098
孤苦圣母教堂	…153
古埃尔宫	…119
瓜达卢佩圣母修道院	…219
瓜迪克斯	…202
国家陶艺博物馆	…156
国立装饰艺术博物馆	…061
国王广场	…106

H

海上圣母堂	…141
海事博物馆	…120
河渠口广场	…116
赫雷斯	…196
华纳兄弟游乐场	…081
皇家广场	…118
皇家骑士斗牛场	…173
皇家圣杰若尼姆教堂	…060
皇家植物园	…060
火祭博物馆	…157
火腿博物馆	…052

J

加那利群岛	…229
加泰罗尼亚广场	…115
加泰罗尼亚美术馆	…132
加泰罗尼亚音乐厅	…110
加泰罗尼亚自治区政府大楼	…108
军事博物馆	…060

K

卡尔贝之家	…110
卡莫纳圣母升天教堂	…198
卡塞雷斯	…218
卡斯蒂利亚大街	…076
卡耀广场	…050
考古学博物馆	…184
科尔多瓦大清真寺	…180
科尔多瓦天主教国王城堡	…185
昆卡	…215

L

La Violeta	…049
拉阿尔武费拉湖	…157
莱昂	…222
兰布拉斯大街	…114
丽池公园	…059
利塞奥大剧院	…116
龙达	…201
罗马桥	…183

M

马德里国家考古博物馆	…078
马德里主广场	…052
马拉加	…202
玛利亚·路易莎公园	…174
梅里达	…220
梅诺卡岛	…165
美洲博物馆	…078

蒙瑟瑞特山	…149	普拉多美术馆	…056
蒙特惠奇公园	…134	**S**	
蒙特卡达街	…140	4只猫餐厅	…111
米哈斯	…200	萨巴蒂尼花园	…070
米拉勒之门	…142	萨尔瓦多塔	…101
米拉之家	…128	萨拉戈萨皮拉圣母教堂	…227
米罗公园	…135	萨拉曼卡旧城	…207
米罗基金会	…162	萨拉曼卡新大教堂	…208
米罗美术馆	…135	萨拉曼卡主广场	…206
摩尔人广场花园	…067	塞哥维亚	…212
N		塞拉尔伯美术馆	…070
内华达山国家公园	…192	塞拉诺城楼	…155
诺坎普球场	…146	塞拉诺街	…075
P		塞特尼尔主教堂	…200
帕尔马大教堂	…160	塞维利亚大教堂	…170
帕尔马旧城区	…161	塞维利亚大学	…173
潘普洛纳	…221	塞维利亚美术馆	…176
皮亚纳宫	…184	塞维利亚圣十字区	…175
普拉多大道	…057	塞维利亚王宫	…172
		三龙城堡	…141

省立博物馆	…099
圣艾斯特班修道院	…209
圣安东尼奥-德佛罗里达礼拜堂	…074
圣地亚哥·贝尔纳乌体育场	…076
圣地亚哥大教堂	…221
圣多美教堂	…087
圣费尔南多皇家美术学院	…051
圣荷西修道院	…095
圣胡安皇家修道院	…088
圣家族大教堂	…126
圣莫妮卡美术馆	…117
圣母玛利亚·贝德拉贝斯修道院	…147
圣母升天教堂	…089
圣尼古拉斯教堂	…069
圣佩德罗教堂	…101
圣塞瓦斯蒂安库尔萨尔文化中心	…226
圣山	…193
圣十字和圣保罗医院	…145
圣十字架烈士谷	…079
圣十字美术馆	…085
圣特蕾莎学院	…143
圣维森特大教堂	…095
圣伊西德罗大教堂	…053
圣约瑟市场	…115
市政厅广场	…069
索菲亚王妃艺术中心	…058
索科多韦尔广场	…088
索列尔	…163
索洛亚美术馆	…079

T

塔拉戈纳	…216
太阳门广场	…046
特鲁埃尔大教堂	…100
特鲁埃尔水道桥	…100
特鲁埃尔宗教艺术博物馆	…099
提森·波内米萨美术馆	…059
提维达波山	…146
跳蚤市场	…051
托莱多大教堂	…084

W

瓦德摩沙	…162
王宫	…066
王室赤足女子修道院	…050
王室化身女子修道院	…070
王室陵墓	…192
维多利亚广场	…094
维森斯之家	…145
沃兰汀步行桥	…224

X

西班牙村	…136
西班牙广场	…071
西班牙广场	…137
西班牙剧院	…048
西尔皮斯街	…177
西美纳	…199
西印度群岛档案馆	…177
现代美术馆	…154
小马广场	…182

Y

伊维萨岛	…166
犹太街区	…183

考拉旅行书目，带您乐游全球！

○ 攻略系列！

韩国 | 欧洲 | 日本 | 台湾 | 西藏 | 香港

○ 畅游系列！

畅游韩国 就这本最棒！ | 畅游美国 就这本最棒！ | 畅游欧洲 就这本最棒！ | 畅游台湾 就这本最棒！ | 畅游泰国 就这本最棒！ | 畅游香港 就这本最棒！

畅游澳大利亚 就这本最棒！ | 畅游德国 就这本最棒！ | 畅游法国 就这本最棒！ | 畅游日本 就这本最棒！ | 畅游意大利 就这本最棒！ | 畅游英国 就这本最棒！

畅游北欧 就这本最棒！ | 畅游加拿大 就这本最棒！ | 畅游瑞士 就这本最棒！ | 畅游西班牙 就这本最棒！ | 畅游新加坡 就这本最棒！ | 畅游新西兰 就这本最棒！

畅游东南亚 就这本最棒！ | 畅游希腊 就这本最棒！

更多图书
敬请期待……

《西班牙攻略》编辑部

编写组成员：

陈 永	陈 宇	崇 福	褚一民
付国丰	付 佳	付 捷	管 航
贵 珍	郭新光	郭 政	韩 成
韩栋栋	江业华	金 晔	孔 莉
李春宏	李红东	李 濛	李志勇
廖一静	林婷婷	林雪静	刘博文
刘 成	刘 冬	刘桂芳	刘 华
刘 军	刘小凤	刘晓馨	刘 艳
刘 洋	刘照英	吕 示	苗雪鹏
闵睿桢	潘 瑞	彭雨雁	戚雨婷
若 水	石雪冉	宋 清	宋 鑫
苏 林	谭临庄	佟 玲	王恒丽
王 诺	王 武	王晓平	王 勇
王宇坤	王 玥	王铮铮	魏 强
吴昌晖	吴昌宇	武 宁	肖克冉
谢 辉	谢 群	谢 蓉	谢震泽
谢仲文	徐 聪	许 睿	杨 武
姚婷婷	于小慧	喻 鹏	翟丽梅
张爱琼	张春辉	张丽媛	赵海菊
赵 婧	朱芳莉	朱国梁	朱俊杰
高 虹	诗 诗	莎 莎	天 姝
郭 颖	晓 红	王 秋	艳 艳

图书在版编目（CIP）数据

西班牙攻略/《西班牙攻略》编辑部编著．—北京：华夏出版社，2017．9
（全球攻略）
ISBN 978-7-5080-9207-2

Ⅰ．①西… Ⅱ．①西… Ⅲ．①旅游指南－西班牙 Ⅳ．①K955.19

中国版本图书馆CIP数据核字（2017）第117085号

西班牙攻略

作　　者	《西班牙攻略》编辑部
责任编辑	杨小英
责任印制	刘　洋
出版发行	华夏出版社
经　　销	新华书店
印　　装	北京金吉士印刷有限责任公司
版　　次	2017年9月北京第1版　2017年9月北京第1次印刷
开　　本	720×920　1/16开
印　　张	15
字　　数	200千字
定　　价	49.80元

华夏出版社　网址：www.hxph.com.cn　地址：北京市东直门外香河园北里4号　邮编：100028
若发现本版图书有印装质量问题，请与我社营销中心联系调换。电话：（010）64663331（转）